充分信任
的伟大力量
来自非洲的九头母牛

[韩]朴钟夏◎著　千太阳◎译

新世界出版社
NEW WORLD PRESS

图书在版编目（CIP）数据

充分信任的伟大力量：来自非洲的九头母牛／（韩）朴钟夏著；千太阳译. --北京：新世界出版社，2016.10
ISBN 978-7-5104-5802-6

Ⅰ.①充… Ⅱ.①朴…②千… Ⅲ.①成功心理—通俗读物 Ⅳ.①B848.4-49

中国版本图书馆CIP数据核字（2016）第110553号

아프리카에서 온 암소 9마리 Nine Cows From Africa
Copyright ⓒ Park, Jong Ha（朴鍾夏）
2007, Printed in Korea
Chinese simplified language translation rights arranged with
DASAN BOOKS CO., LTD.
through Imprima Korea Agency and Qiantaiyang Cultural Development (Beijing) Co., Ltd.
ALL RIGHTS RESERVED.

充分信任的伟大力量：来自非洲的九头母牛

作　　　者：	[韩]朴钟夏 著　千太阳 译
责任编辑：	张晓翠
责任校对：	宣　慧
责任印制：	李一鸣　黄厚清
出版发行：	新世界出版社
社　　　址：	北京市西城区百万庄大街24号（100037）
发 行 部：	（010）6899 5968　（010）6899 8705（传真）
总 编 室：	（010）6899 5424　（010）6832 6679（传真）
http	://www.nwp.cn
http	://www.nwp.com.cn
版 权 部：	+8610 6899 6306
版权部电子信箱：	nwpcd@sina.com
印　　　刷：	北京美图印务有限公司
经　　　销：	新华书店
开　　　本：	880×1230　1/32
字　　　数：	140千字　　印张：7
版　　　次：	2016年10月第1版　2016年10月第1次印刷
书　　　号：	ISBN 978-7-5104-5802-6
定　　　价：	32.80元

版权所有，侵权必究

凡购本社图书，如有缺页、倒页、脱页等印装错误，可随时退换。
客服电话：（010）6899 8638

The Power of Trust 目录

序文　我相信奇迹 / 001
引子 / 007

前传
无论怎样努力，总是无能为力
009

星期一的早晨 / 011
潜藏的危机 / 021
生活是一个怪物 / 040
请停止奔跑 / 060
一封神秘的邮件 / 069

正传
九头母牛，创造无限可能
075

沙包挖那（你好）/ 077
老狮子与黑曼巴蛇 / 100
大象的鼻子 / 108
奇妙的求婚之旅 / 116
重返非洲 / 133
信任催生的幸福之花 / 145

外传 成功如此简单,只要敢于信任

163

开始艰难的改变 / 165

找到钥匙 / 175

带上九头母牛重新出发 / 191

心态变了,世界就变了 / 196

把九头母牛送给你 / 209

后记 / 215

"九头母牛"培训系统介绍 / 218

序文

我相信奇迹

一个大二的美国学生气喘吁吁地冲到教室，虽然已经尽了最大的努力，跑得只剩下半条命了，但时间却像是跟他作对似的，飞快地流逝。等他冲进教室的时候已经上课了，教授正在讲台上津津有味地讲课，沉醉在自己的学术世界里，没有留意到姗姗来迟的他。他的眼神箭一般扫过教室的每一个角落，终于找到了一个有利的位子。因为迟到，没能听到教授前面所讲的内容，所以他只好抄下教授留在黑板上的两道练习题，来安慰自己因迟到而尴尬的心。迟到了也没什么大不了的，只是落下一些课程而已，作为一名学生，作业还是应该交的。他告诉自己。

The Power of Trust 充分信任的伟大力量

一天的课程终于结束了。回到家后，为了减轻迟到带给自己的愧疚感，他打开了记着那两道练习题的笔记本，这是两道他从来没有见过的题目，陌生感激起了他挑战的欲望，于是他下定决心，不攻破它誓不罢休。他马上进入了高度集中的应战状态，死死地盯着本子，左右摇头苦思冥想。时间一分一秒地过去，那两道难题也毫不懈怠，拼命抵抗，虽然他已经用尽了自己所有的脑力，还是只做出了其中的一道题，遗憾地对另一道题缴械投降。

在第二天的课堂上，羞愧万分的他抬不起头来，当和教授的距离越来越近的时候，他的头压得更低了。他鼓起勇气，脸红心跳地把作业交给教授，现在的他只想找一个洞钻进去。正当他羞愧得不知所措的时候，教授的声音惊走了他的这种情绪。教授看了他的作业后，惊讶地说："天啊！你是怎么做到的？这可不是你能够做出来的啊！简直太厉害了！"

只是解出一道数学题而已，居然能让教授惊讶得目瞪口呆，这到底是怎么回事呢？

序文
我相信奇迹

实际上,那天教授在黑板上写下的并不是什么作业题,而是两道世界著名学者经过几十年的冥思苦想都没能破解的世界级难题。为了让同学们开拓眼界,教授才将它们拿出来。巧的是,这被一名迟到的大二学生误以为是教授留下的作业题,而且他竟然解出了其中的一道。后来,他解出来的这道数学题被发表在一本权威的学术杂志上。

想知道最后这个学生怎么样了吗?答案不言而喻,他最后成了一位著名的数学家。

我们将视线重新拉回奇迹发生的那天,如果这个学生没有迟到,那么他就会知道黑板上的两道数学题是世界级著名学者都没能解出来的难题。这种情况下,他还能解出那道数学题吗?我们不得不怀疑。也许只是听到"世界著名学者都无法破解"这样的话,他就会和所有的同学一样,对它们望而生畏,避而远之。他之所以能下定决心去解那两道难题,是因为他根本就没有意识到那是世界级难题,他只把它们当成作业而已,心里自然也就不会有压力。这样轻松的心态给了他一颗平和的心,没有杂念,没有外界的震慑。在这种情况下,他才能凝聚自己所有的智慧来解这两道题,并最终攻

The Power of Trust 充分信任的伟大力量

克了其中的一道。

事实上，不论是什么样的题目，什么样的事情，说难就难，说易就易。无论是已经有了定论，还是现在仍无法解答的东西，只要我们勇于挑战，它的结果就会根据我们所选的挑战方式而发生改变。人生也是如此，没有人能准确预测未来，也没有人能给别人或自己的人生做出定论，只要你还活着，就要尽自己的一切努力去探寻真理。在探寻的过程中，我们的人生会因为我们看待社会的眼光和心态的不同而有所不同。

不知道你是否相信预言的力量，不论你是唯物主义者还是唯心主义者，都不能小视预言的力量，预言足以影响事情的结果。如果你对自己未来的预言是积极的，那么，在不久的将来你可能会看到自己希望看到的结果，还能用自己的力量去感染身边的人。反之，如果你对自己未来的预言是消极的，那么，你不但看不到自己所希望的结果，还会把自己消极悲观的情绪传染给周围的人。所以在我们对自己的未来做出预言之前，要先肯定自己，给自己足够的自信。

序文
我相信奇迹

你相信世界上有奇迹吗？虽然有很多人都否认奇迹的存在，但我却对此坚信不疑。可能在我和大家说话的瞬间，就已经有很多奇迹发生在我们不知道的角落里了，这些奇迹，也许是发生在别人身边，也许会落到我们身上。

为了让你和我一样相信奇迹的存在，接下来我就给大家讲一个充满奇迹的故事吧。你在接下来的故事里，会深深地体会到自我肯定和无条件相信对方的力量，体会到实现自我预言的力量。在这里，我真心希望大家可以像这本书里的主人公一样，让自己的生活充满奇迹。

引子

有一天,九头母牛突然来到了我的身边。

九头来自非洲的美丽又健壮的母牛,来到我的身边,进入我的心灵,最后与我融为一体,变成了我自己。

它们就像幸运之花,像夜里的海棠一样在我的生命里绽放,使我如痴如醉。

从那之后,世界上的所有东西,都充满了活力和生机,有了呼吸,开始运动。

就这样,这个世界变得亲切,轻轻地向我靠近。

因为对自己的信任,原本疲惫的双腿,突然有了力量,

The Power of Trust
充分信任的伟大力量

原本沮丧灰暗的心灵，充满了无所不能的自信。

下面的故事，主人公是九头母牛，有些令人难以置信，但却具有无与伦比的魔力。

九头母牛会帮你找出人生中尚未被破解的惊人秘密。

The
Power
of
Trust

前传

无论怎样努力，总是无能为力

一群怪物，张着血盆大口，气势汹汹，一副要把我生吞活剥的架势。

到处都是否定我的人，让我无法呼吸。

也许生活的问题并不是「要多么坚强地、认真地生活」，而是到现在为止「有多少的人生被别人肯定」。

前传
无论怎样努力，总是无能为力

星期一的早晨

"孔志修！你到底要睡到什么时候？啊？"

平静的早晨，就这样被一个尖锐的声音打破了。儿子的房门被狠狠地推开。厉声吼叫的不是别人，正是志修的父亲俊泰。这个专制的男人将办公室里管理下属的那套做法，原封不动地移到了儿子的身上。

尖利的吼叫声仿佛锤子一样打在了志修的头上，这时志修正躺在暖和的被窝里做着美梦，还没等他反应过来，脑袋就被势不可挡的吼叫声打得嗡嗡直叫。但他只是微微地睁开眼睛，扬起爬满瞌睡虫的脸，看着站在门口怒气冲冲的俊泰，使劲一撩被子，把整个头蒙得严严实实，以此来抵御父

充分信任的伟大力量

亲尖锐的目光,然后在被子下面发出一串串嘟囔:"啊,老爸,不要这样,我还没睡醒呢!再让我睡一会儿,就睡一会儿,我不吃早饭了。"这也算是对父亲的"回敬",至少没有让父亲白吼一场。嘟囔过后,他将被子稍稍地往下拉了拉,眼睛却像死人一样紧紧地闭着,生怕瞌睡虫从眼睛里钻出来似的。

看着一直在被窝里磨蹭的儿子,俊泰知道他依旧沉浸在自己的美梦里,没弄清楚状况。作为一个父亲,他觉得刚才的吼叫已经很有威慑力了,但没想到对志修一点儿作用都没有。于是他提高分贝,加强攻势,吼道:"孔志修!我可没时间跟你开玩笑,你给我马上起来!"

这句话毫不留情地击打着志修的耳膜,让他清醒了些,意识到了事情的严重性,因为在正常情况下,父亲是不会发这么大脾气的。于是他一边揉眼睛驱赶瞌睡虫,一边恋恋不舍地从被窝里爬出来。也许是志修可怜的样子感动了上天,妈妈熙京进来解救了他,看着俊泰火冒三丈的样子,熙京一脸温和地劝道:"老公,你这是干什么啊?大清早的,等晚上下班后再说吧。"

前传
无论怎样努力，总是无能为力

熙京的话不但没能消了俊泰的火气，反而更加激怒了他。俊泰的情绪越来越激动，不断地晃动着手中的白色信封，厉声喝道："孔志修！你这也算成绩单吗？考成这样，还好意思通宵玩游戏！你这个孩子到底是怎么回事？"

俊泰锋利而充满力量的吼声刺进志修的心，让他一下子惊醒了。他那双眼睛瞪得溜圆，脸上写满了惊讶和无辜，他用疑惑的眼神凝视着熙京，好像是在问她那信封是怎么落到父亲手里的。俊泰似乎读懂了志修的眼神，挪动脚步，用硕大的身体挡在他和熙京中间，想要隔断他们的眼神交流。

"你以为把成绩单藏起来，爸爸就不知道了吗？看来你也知道丢人啊。就因为你，爸爸的血压都升高了。像你这样的精神状态，到底能做些什么啊！赶紧给我起来！快点儿洗脸！"

看俊泰真的发火了，志修只好低着头听着，无奈地、慢吞吞地来到洗手间门口，随手关上了门。看着儿子这些神经质的举动，俊泰本来已经压下去的愤怒又被点燃了，对着紧紧关着的洗手间门说道："你不用埋怨任何人！要怪就怪自己，有脸考成这个德行就要有脸接受批评。如果再这么学习的话，我看就没必要再上学了！看看你这成绩，你还能睡得着？啊？你脑子里装的都是什么啊？"

事情的导火索就是熙京一时大意落在饭桌上的成绩单。俊泰刚吃完早饭，放在桌角的白色信封引起了他的好奇。他随手打开信封，志修的成绩单静静地躺在里面，还不知道自己将引来这么大的家庭风暴。成绩单上的成绩糟糕透顶，志修却还在睡懒觉。

"都是因为平常太惯着他了。"俊泰自言自语道。这一刻他下定决心，以后要换一种方式来教育儿子。

平时的工作挤占了他大部分的时间，让他精疲力竭，根本就抽不出太多的时间和精力来管教志修。在他的印象中，志修一直是一个很听话、很自觉的孩子，所以他也不愿意给儿子施加太多的压力。但现在看来，事情并不像他想的那么简单。这张成绩单突然让他意识到了事情的严重性，即使有百般的不情愿，也要对儿子严格要求。要从现在开始培养志修的独立性和动手能力，不论大事小事，都要让他自己去做。

前传
无论怎样努力，总是无能为力

想到这些，俊泰有些自责，心软了下来。他觉得志修之所以变成这样，自己也有责任，于是态度变得有些温和，冲洗手间里面的志修说："哎呀，志修啊，爸爸刚才的话说得是有些重了，你不要太难过。快点儿出来，吃了饭就去上学吧！"

这样极端的情绪变化，让熙京有些摸不着头脑，好奇地看着俊泰。不过她并没有问什么，她所有的心思都放在了儿子身上。

成绩单是熙京帮着志修藏起来的，可见她是多么爱这个孩子。俊泰看着熙京，把怒火转移到了她身上，觉得志修之所以会变成这样，熙京有不可推卸的责任，她实在是太惯着孩子了。

熙京并不理解丈夫，她也有着一肚子的怨气。她的忍耐似乎也达到了极限，于是把矛头笔直地指向俊泰："老公，大清早的，你这是怎么了？你以前可不是这样啊！"

把毛巾递给正在洗手间里洗漱的志修后，她转身看着俊泰，一脸的不满，开始责怪起他来。说者无心，听者有意，俊泰以为熙京是在埋怨："平时对孩子不闻不问，今天怎么心血来潮关心起他的成绩了？"

于是俊泰赌气地说："我不管？我不管，你也不管。我整天都在外面奔波忙碌，时间本来就少得可怜。你呢？你天天在家里都做了些什么？每次问起他的情况你都只拣好的说，如果是真好的话，成绩就不会是这个样子了。你看看他现在的德行，以后还能做什么？就因为你总是纵容他，他才会这么肆无忌惮！以后一定要严加管教才行！这是我的责任，也是你的责任啊！"

听了俊泰这番莫名其妙的训斥，一股委屈顿时涌上熙京的心头，继而，满腔的委屈又转化成了怒火，于是她瞪大眼睛反驳道："你说我整天在家里干吗？你以为我整天都是舒舒服服地待着是吗？你说的都是些什么话？不知道就不要乱说！"熙京越说越觉得委屈和愤怒，不知不觉中提高了嗓门。

"我也很伤心，看看别人家的孩子，早在放假的时候，就已经开始学习中学的课程了。如果我们也像别的家长一样，在假期把志修送去江南的补习班，找一个好的辅导老

前传

无论怎样努力,总是无能为力

师,他的成绩也不至于这么糟糕。我以前一直没跟你说过,可最近大家一直在说,孩子的成绩就是父母能力的体现,现在别人都在高喊要为孩子做这做那,而我们却还在指责志修,真是觉得很对不起孩子。"

熙京的话就像一把利剑,深深地刺进俊泰的心里。

"你,说完了没有?成绩?能力?难道你在这里不分青红皂白地乱发脾气,就是因为他让你觉得丢脸了是吗?补习班?那不过是差生找的借口罢了。你也不去打听打听,首尔大学的哪个学生去过补习班?你以为去那些补习班砸钱就有用了吗?孩子不想学习,你却硬往他脑子里灌东西,这样不但没有好处,还会适得其反。真正好的学习方法是什么?是培养孩子主动的学习习惯,而不是像你这样站在这里责怪这个责怪那个!"

最近一段时间,夫妻俩经常这样争吵。

不知从什么时候开始,两个人之间渐渐有了隔阂,无论是立场还是观点,他们都会各执己见,就连一点儿微不足道的小事，都能唤起他们心中的愤怒和不满。争吵夺走了他们的理智和爱，让他们彼此伤害，毫无顾忌地挑对方的毛病，毫不留情地揭开对方的伤疤。虽然最后他们会用沉默给这场战争画上句号，在沉默中寻求冷静，但这并不代表他们之间的和解。长此以往，他们的心将会越走越远，到了忍无可忍的时候，就会产生抛弃对方的念头。

俊泰和熙京现在正处于这个过程当中。志修呆呆地坐在饭桌前，盯着桌上慢慢冷却的饭菜，听着爸爸妈妈的争吵，他的心里难受极了，他恨透了自己，觉得这一切都是自己引起的。

尴尬的气氛盘旋在饭桌上空，屋子里充满了沉重和阴郁。志修也在跟爸妈闹别扭，没等吃完饭菜，一肚子怨气的他就背上书包去上学了。

倒霉似乎会传染，一处不顺就处处不顺，就连上班的路上也这么不顺畅。其实，一切都和往常一样，路还是那条路，也没有人去招惹俊泰，只是他的心魔在纠缠着自己。

公司里还有一堆枯燥乏味的工作在等待着他。其实辛苦

前传
无论怎样努力，总是无能为力

一些，忙碌一些，压力大一些，俊泰都不怕，他最怕的就是孤独，就是没人理解自己。

一想起早晨的争吵，想到妻子和儿子可能到现在还没原谅自己，他的心里就七上八下的。他该怎么想，怎么做呢？愤怒能解决问题吗？

"现在的社会，孩子的成绩就是父母能力的体现！"

妻子的话一直在耳边萦绕，俊泰把自己的愤怒转移到了方向盘上，狠狠地敲了一下。这句话听着刺耳，却更刺心。想着想着，俊泰的心里就涌起一阵辛酸，心中的怒火也趁机兴风作浪，不论他怎么努力都无法抑制。

"难道是我愿意这样的吗？谁不想有钱，谁想永远在原地打转？"

一直以来，俊泰都在为生活奔波。为了让自己和家人过得像别人一样富裕，他不停地挣扎，极力摆脱贫困的影子。

现在他已经快四十岁了，四十而不惑。然而四十岁的他，却依然为烦恼所困惑，身边的一切都让他感到不满，他迷茫，他不知所措。

想到退休，想到孩子的教育经费，想到父母的养老金……这一切的一切就像一座座大山，让他不堪重负。当他正为这一切而努力的时候，家庭却要抛弃他，他觉得自己就像一台赚钱机器，不被关心，不被理解。为什么会这样呢？上天给了他这一切，却又不给他支配它们的力量。生活中的每一秒钟都属于痛苦，想要逃跑却无处可去，天下之大却没有他的一席之地。

这就是一个普通家庭的顶梁柱——孔俊泰的生活境况。

无法和处于青春期的儿子沟通，无法赚到更多的钱，无法处理好工作与家庭之间的关系。这些痛苦剥夺了他对生活的信心，让他的生活变得没有快乐和希望，现在他唯一的想法就是希望时间不要停留，加快脚步，一天就能让他长两岁。他对混乱不堪的生活没有一丝的留恋，只想逃之夭夭。在母牛闯进俊泰的生活之前，一切就是这么让他无可奈何。

前传
无论怎样努力,总是无能为力

潜藏的危机

"请等一下!"

就在电梯门只剩下一条缝的时候,一个人急匆匆地挤了进来。仔细一看,原来是江明基组长。这个又矮又胖的男人,头顶上只剩下几根稀疏的头发。从外貌上看,他跟俊泰简直就是两个年龄段的人,但实际上他们年龄相仿,既是同届校友,也是公司里的竞争对手。

江明基组长悠闲地笑着,按下九层的按钮,瞟了一眼俊泰的领带,调侃道:"您的领带很独特嘛!连领带都沾满了人气,跟孔组长的人一样,无论什么时候都这么具有魅力。"俊泰非常清楚江明基组长的言外之意,但是他根本就不放在心上，因为他习惯了面对这样的调侃。每当这种时候，他都会很知趣，自认倒霉，何必跟自己过不去呢？别人说出的话，听听也就罢了，尤其是像江明基这种总能激起别人妒意的人。

连上班都不能清净，还要碰上这个倒霉鬼，电梯顿时变成了一个无法摆脱的魔窟，阴森恐惧的寒气从四面八方袭向俊泰。

于是他识趣地说道："这是哪里的话。倒是江组长看上去满面红光啊！新产品的营销计划，还算顺利吧？"

老实说，最近俊泰怎么看营销二组都不顺眼，主要原因是他们在业绩上一直都表现突出。算起来，俊泰在公司的时间比江明基要长，但是江明基一进公司，就成了营销二组的组长，俊泰心里的嫉妒在慢慢积蓄着力量。

每次做报告的时候，二组总能拿出一些别出心裁的创意，相比之下，俊泰带领的一组就逊色得多。

面对这样的落差，俊泰常常会在私底下感叹，把这一切

前传
无论怎样努力，总是无能为力

归结为名牌大学的力量，认为由名牌大学的高材生组成的阵容就是非同凡响。早在江明基进公司的第一天，俊泰就知道会是这样的结果。那个叫江明基的家伙正春风得意，而自己却一直停滞不前。此时，俊泰的心正被羡慕和嫉妒纠缠着。

比起家庭矛盾，在事业上一直被竞争对手压着更让俊泰忍无可忍。对于一个男人而言，这是精神上的致命打击，无时无刻不在摧残着俊泰早已千疮百孔的心。

"工作上的事情嘛，哪里需要我动手啊，后辈们都会做的。倒是最近因为C9①，营销一组的职员们都很忙吧？我们要一起努力才是啊！"

江明基说话时，脸上一副无所事事、清闲逍遥的样子，仿佛每一个毛孔都在炫耀。

俊泰心里想："不管什么时候都油嘴滑舌，难怪上司会这么喜欢他。"俊泰最讨厌别人拿工作来教训自己。于是他沉默不语，陷入了沉思。很快，电梯停了，俊泰下意识地瞟

---

① 男主人公所在公司新推出的一种电子产品。

了江明基一眼。他看到有个东西在江明基胸前闪闪发光。他西服口袋里那支牛状的钢笔好像受到了主人的号召，在给主人助威，也和他一样神采奕奕。

在好奇心的驱使下，俊泰问道："江明基组长，你口袋里的是什么东西啊？"

"啊？这个啊，是礼物啊，一个朋友从国外带回来送给我的。听说还能带来好运呢！"

江明基的话刚说完，俊泰的眼睛就迫不及待地绽放出了羡慕之情。

看到俊泰羡慕的眼神，江明基组长微微动了动嘴唇。这时，电梯门开了，把他到嘴边的话堵了回去。对俊泰来说，这就像一个逃生的通道，他怎么会放过呢，于是匆匆打了个招呼，就逃出了电梯。

新产品的营销战略已经让俊泰很头疼了，偏还要让江明基这样的人来刺激他。他的心情简直糟糕到了极点。真是让人郁闷的一天。

前传
无论怎样努力,总是无能为力

8点45分。

俊泰旗下的营销一组的人员都到齐了,只是迟迟不见夏代理的身影。

"夏代理还没有来吗?"

夏代理在大家眼里一直是个相当准时的家伙,加上他超群的策划能力,同事们都认为他在工作上是一个十全十美的人。他平常连10分钟的业务谈判都不会放过,属于那种一有机会就会抓住不放的人。

"咦?组长,今天来得很早嘛!"

说曹操,曹操就到了。刚刚俊泰还在想今天夏代理肯定会迟到,谁知一转眼的工夫就冒了出来,而且还新做了发型。一见到俊泰,夏代理就满脸笑容地跟他打招呼,十分热情。

"每次我都是比你早啊。"

The Power of Trust 充分信任的伟大力量

俊泰转身看了看他，故意用刻薄的语气说道。

俊泰的态度让夏代理一头雾水，于是转头看着身边的李智慧，小声地问："组长这是怎么了？"声音小得只有李智慧能勉强听到。李智慧没有回答，只是耸了耸肩，努着嘴挤出一副茫然的表情。

俊泰所在的公司，主营业务是MP3的生产和销售，这样的企业，风险不大也不小。俊泰是营销一组的组长，也是公司的元老，他是看着公司一点儿一点儿成长壮大的。他进公司的时候，公司刚创立不久，只是一个不到20人的小公司，而现在已经是国内数一数二的大企业了。

近年来，很多企业都在风雨中飘摇，随时面临着倒闭的危险。在这样的环境里，俊泰所在的公司还能成长到如今这样的规模，实属难得。再加上俊泰是公司的元老级人物，所以不论公司的规模是大是小，他都会被推到队伍的最前沿，这让俊泰多多少少滋生出一些自负的心理。这种自负也是俊泰努力工作的理由。

俊泰经常在员工面前强调，职场生活的第一原则就是要

前传
无论怎样努力，总是无能为力

对公司充满爱，这比工作上的表现更重要。最近，俊泰总觉得有些人怪怪的，似乎没有人在按他规划的方向发展。每当这种现象在公司突显的时候，俊泰心中的无名怒火就会蠢蠢欲动，让他和周围的人发生冲突。

在新产品上市的营销战略会议上，就曾上演过这么一幕。

俊泰把玩着钢笔，让它在自己手中一圈一圈旋转，安静、认真地聆听着夏代理的提议。

"这次的新产品'C9'，功能和以前的差不多，但是在设计方面却更成熟，体积也更小巧了。现在如果把重点放在宣传上，我想效果一定会很好。我们可以请一个当红明星来为C9产品代言，还可以租用清潭洞的俱乐部，宣传上市活动，邀请知名歌手出席。或者把产品送给知名艺人，也会起到很好的宣传效果。明星能引领时尚潮流，粉丝们在MTV或杂志上看到自己的偶像戴着我们的MP3时，肯定会认为这样很帅气，也都会争相模仿的。"

The Power of Trust
充分信任的伟大力量

夏代理沉醉在自己的发言里，双手用力压在桌子上，身体因为激动而微微前倾。

"大家都知道，年轻人一般都会有两三块手表，用来搭配自己的时装。所以我们的新产品上市的时候，不要一味强调它的功能，而是要把宣传重点转向它时尚的外形，目的就是要让已经拥有MP3的人再买一个。我们要引领MP3的时尚潮流，这样才能攻占年轻人的心。"

夏代理的提议总是那么充满创意。他讲得如痴如醉，组员们听得兴致勃勃。受到鼓舞，情绪高涨的夏代理继续说道："同时，我们还可以进行个性化的街头宣传，在学生密集的地方、在大街上发放一些小礼品。什么小礼品比较好呢？手机链之类的都太俗气。如果我们在避孕套上印上我们公司的标志，然后把它发给大家，你们觉得这个创意怎么样？这可是'自由和责任'的象征啊。啊！我想起来了，我们还可以请个哑剧演员或者小丑什么的，让他们将避孕套吹起来，那么我们的Logo就会一目了然了。这样多好啊！既能宣传性教育，又给我们公司做了宣传。"

前传
无论怎样努力，总是无能为力

夏代理的报告在一阵嬉笑声里落下了帷幕。在这个过程中，俊泰一直很严肃，不知怎么的，像是受到刺激似的，他突然用钢笔在桌子上敲了三下，大家都觉得有些莫名其妙。

"这也算宣传报告？难道你认为这样的报告有可能实现吗？夏代理，现在是在开会，不是在开玩笑。艺人、时尚、免费礼品……你所谓的创意还真多啊！你能不能站在公司的立场上考虑一下？营销活动不是靠异想天开来完成的，我们需要投入大量的资金。那么多钱投出去了，要怎么赚回来？况且你能保证宣传效果吗？"

俊泰觉得自己已经忍无可忍，压制已久的怒火终于得到了宣泄，冲出理智的重围，释放着惊人的力量。

"还有，MP3是一种产品，怎么能只宣传外表而不宣传功能呢？只有光鲜靓丽的外表就能吸引众人的眼球了吗？如果买回家之后一点儿都不实用，顾客会满意吗？难道他们都是傻子不成？"

俊泰滔滔不绝，将憋在心里的话一股脑全都说了出来。

The Power of 充分信任的伟大力量
Trust

"还有避孕套！你居然会想到用那种东西做宣传。你也不想想，如果真的把公司名称印在上面，那会是一种什么样的情况？不是所有的人都和你有一样的想法，你这样做无异于损害公司的形象。在没有任何保障的前提下肆意挥霍钱财，任何一家公司都不会赞成这种方案的，这个道理等夏代理自己做了老板之后就会明白的。其他人还有什么意见吗？既然想，就要想出一些有价值的点子来，你们这群人啊！"

俊泰的这番话驱散了办公室里所有的热情，洒下一片阴霾，气氛顿时冷了下来。忽然，夏代理站起来，打破可怕的沉寂。也许是觉得自己被冤枉了，他瞪着俊泰说："组长，我不认同您的看法。现在MP3在年轻人市场几乎已经饱和了，但我们总不能因此去开拓老年人市场吧？开拓老年人市场需要的时间和费用，也绝不是一笔小数目。我认为再次占领年轻人市场，绝对可以成为蓝海战略[①]。"

刚刚还在为自己的一番发言沾沾自喜的俊泰，被夏代理的一席话给镇住了。夏代理并没有屈服于俊泰的权威，反而

---

① 蓝海战略，即蕴含庞大需求的新市场空间。

> **前传**
> 无论怎样努力,总是无能为力

冷静地为自己辩解。

"这个道理和手表销售是一样的。从前只有有钱人才能戴手表,而现在手表却成了年轻人的必备品。电子表也越来越先进了,成了大众产品,往往一个人购置好几块手表作为时尚的饰品。这就说明,本来销路不好的东西,也会有自己的春天。营销的理念也不是一成不变的条条框框,它需要与时俱进,不断革新。我觉得我们有必要更新自己的销售理念,重新包装MP3。"

夏代理信心十足地说着,他认为自己说得很对,越说越兴奋。可是一旁的俊泰却无法忍受了,阴郁的脸上写满了愤怒。

"夏代理,你是在教我营销管理的基本理论吗?从什么时候开始,营销一组的职务分配变成这样了?"

俊泰烦躁的表情和生硬的语气,让夏代理一句话都说不出来。看着这样的情形,其他职员都拼命地冲着夏代理使眼色。

The Power of Trust 充分信任的伟大力量

"对不起。"

夏代理深沉的语气里掺杂了太多的无奈，显得有些悲凉。听到他这句话后，在场的职员就像是吃下了定心丸一样，一颗高悬着的心终于放下了。俊泰的怒火也平息了下来，低着头，像没事人一样继续看文件。

俊泰的沉默，让夏代理感到了前所未有的恐慌，拿着笔的手一直在不停地颤抖。

"但是……"

夏代理猛地抬起头，再次用坚定的眼神看着俊泰。这毫无预兆的举动，让所有的人都紧张起来，俊泰也很疑惑，用诧异的眼神看着他。夏代理躲开周围的目光，接着说："组长，我知道您现在的心情，可是我还是要把话说完。你刚才那么说是不是有点儿过分？不管我们怎么熬夜加班，怎么积极地准备计划，结果却一再地让人失望。说实话，我们已经没什么工作的激情了，付出得越多，就越失望。再这样下去，我想自己坐在这个位置上也没有任何意义了。"

前传
无论怎样努力，总是无能为力

夏代理的这番话让在场的每一个人都感到吃惊，他们没有任何心理准备。吴代理用担心的眼神注视着他，想要把他的话截回去。

"夏代理，你这人怎么这样？够了，不要再说了。"俊泰反感地说。

"难道我说错了吗？组长总是只想着自己，在您眼里，我们只是白拿工资的蛀虫而已。其实我们也不想这样，我们也是怀着梦想和目标来上班的，然而一次次的努力，换来的只是一次次的失败。现在不是没有体力，也不是没有精力，而是没有了工作的欲望，我想我是坚持不下去了。"

说着，一团团红晕爬上了夏代理的脸，手里的笔颤动的幅度也越来越大。

会议室里顿时变得鸦雀无声，没有一个人抬头，尴尬的气氛在空气中弥漫。

俊泰已经被房间里的气氛压得无法呼吸了，他清楚地感觉到自己的脸部肌肉正在不自觉地颤动。几分钟后，紧抱着

The Power of Trust 充分信任的伟大力量

双臂的俊泰，终于开口说话了。

"是这样吗？"他环视了一下在座的职员，仔细观察每一个人的表情，他们的脸色都很难看，于是他接着说，"如果大家真的都这么想，那么我只能让大家失望了。"

虽然俊泰想尽量保持冷静，但是紧绷的神经，让情绪逃离了他的控制。

"我不想成为大家的阻力。我在你们这个年龄的时候，也构思过一些个性化的营销战略，但一切都要视实际情况而定。我们的产品正处于稳步成长的时期，所以我们不能再继续研究个性化的营销战略，而是应该研究如何让产品更加稳步地发展。营销也是一种概率游戏，在无法确保结果的情况下就往里跳，无异于抱着炸弹跳进熊熊的烈火中。"

俊泰摆出一副领导者的架势，努力保持坚强的模样，不让自己因情绪崩溃而失控。

"今天的会议无法再进行下去了，我们明天再继续吧。散会。"

前传
无论怎样努力，总是无能为力

一场会议下来，就像经历了一场激烈的战争，让人筋疲力尽。俊泰回到办公室后，虚脱地瘫在椅子上。此时他的心情很复杂，也很矛盾。俊泰开始陷入沉思，他不知道为什么最近总是被这些烦恼所纠缠。

不管怎样，这周之内，必须确定营销策略，交上去。上次提出策划案时部长的责问，直到现在俊泰都还记忆犹新，想想就觉得恐怖。

"营销二组的想法总是活力四射，但为什么一组总是那副德行啊！因为你有经验，所以才这样分组的，可是你们的表现也有点儿太说不过去了。如果再这样下去，还不如跟营销二组换名称呢！孔俊泰组长，难道你就只有这点儿能力吗？"

那天部长很生气，将文件狠狠地摔在了地上。俊泰想起从地上捡起文件的那一瞬间，连咬舌自尽的心思都有了。没有经历过的人根本无法了解那是一种怎样的屈辱。拿着别人做出来的东西进行无情的质问、批评和挖苦，部长就像一个处在青春期的孩子，骄横、任性，认为自己永远是对的。

The Power of Trust

充分信任的伟大力量

或许有一天,他突然有所悔悟,对你的态度来了个一百八十度的大转变,但那时的你已经不领情了,一心只想跳槽。在经历一番新的奋斗后,你终于来到了一个全新的环境,身边的每一张面孔都是那么陌生,每个人对你都只有猜疑。俊泰正是了解了这些职场的残酷,所以一直奉行着一个处世原则——只真心对待那些懂得忍让的人。这几乎也成了他管理职员的策略。当然,人不可貌相,海水不可斗量,也会有看走眼的时候,别看有的人平时表现很不错,说不定哪一天就会从背后给你一棒。就像今天的夏代理一样,一反常态,往日的谦逊和温柔消失得无影无踪,让你猝不及防。

"到底该怎样处理夏代理才好?同意他的主张?不行。因为我对他不满,所以对他视而不见?不行。不如干脆把他调到其他部门好了……"

一番苦思冥想之后,俊泰依旧没想出处理夏代理的办法。俊泰迷迷糊糊地走到休息室的自动售货机前,当他正要投币取饮料的时候,突然听到了一个声音:"哎呀!夏代理,你得理解。"

前传
无论怎样努力，总是无能为力

一个熟悉的声音从休息室里飞出来，飘进俊泰的耳朵里，俊泰停下手上的动作，屏住呼吸，想探听个究竟。虽然他看不见说话人的脸，但是这个声音告诉他，这个人就是吴代理。

"组长本来就是那样的人，又不是才认识一两天，你就忍忍吧。"

"是啊。夏代理，我给你买一杯咖啡，喝完咖啡，就不要再生气了。"

智慧也在旁边劝慰。

"这些人，真是……"

俊泰刚想走进去的时候，突然听到了夏代理肆无忌惮的声音。

"哎哟！这又怎样呢？我忍了这么长时间，结果怎么样？除了失望还是失望。难道我真的还要一直这样下去吗？是组长就了不起吗？怎么说也要有共同语言才行啊！说真的，我早就不想在这个公司干了。我明天就写辞呈，大家都

The Power of Trust
充分信任的伟大力量

不要再劝我了,我的决心已定。"

听到这句话,俊泰真想冲上去给夏代理一个上钩拳。

"什么?你以为会有人拦着你吗?你这个该死的家伙!"俊泰在心里恶狠狠地说道。

这一刻,他真想跑过去抓住夏代理的衣领,但他的理智把他刚刚停在半空的一只脚拉回到地上。虽然不是有意的,但偷听毕竟不是一件光彩的事情,万一让职员们知道了,肯定会被笑话的。最终,俊泰的理智还是战胜了冲动,但是他心里的怒火却越烧越烈。勉强说服自己后,俊泰拿了一杯饮料,故作镇定地回到了办公室。

"这个家伙,怎么可以这样?真是的……不管怎样,在他辞职之前,我还是得找一个能代替他的人。到时才临时抱佛脚的话,就一切都晚了。但还有谁能胜任这个职位呢?"

这接二连三地发生的事情,让俊泰的脑袋都快炸了,但首要的是解决眼前的事情。夏代理的行为分明就是以下犯

前传
无论怎样努力，总是无能为力

上，俊泰是无论如何都咽不下这口气的。

俊泰坐在椅子上，飞快地处理完紧要文件。看了看邮箱，邮箱里的邮件激不起他半点儿兴趣，于是他烦躁地关掉邮箱，重重地靠在椅子上，仰面看着天花板。现在的他什么都不想看，只想找个安静的地方待着，只有自己，谁都不见，什么都不想。逃离的欲望在心底发出呐喊，发出声声召唤，俊泰无法抗拒，于是以家里有事为由请了一个下午的假，迅速地逃离了公司。

The Power of Trust 充分信任的伟大力量

生活是一个怪物

十字路口，红绿灯的交替时间显得漫长而难耐，一辆辆车子懒洋洋地挤在一起。

在第八车道的上空，一朵朵云彩悠闲地飘动，映着夕阳的颜色，那是一种淡淡的绯红，衬出它清晰的轮廓，活像一群牛。

风景在一旁孤独地秀着自己的美丽，却无人领略它们的风采。人们的眼睛已经被红绿灯和车流塞满。堵得水泄不通的路，不断地向人们心中注入焦躁，让行人彼此冷漠。每个人脸上都写满了烦躁，想要抱怨，却又不知道该抱怨谁。

俊泰掏出打火机，点燃了叼在嘴上的烟。

前传
无论怎样努力，总是无能为力

这时俊泰突然想起了一件事，在收到的邮件里面，有一封还没打开的邮件，好像是东基发来的。连东基的邮件都会被忽视，可见他真的已经疲惫不堪了。

东基是首尔医院住院部的一名医师，他的前途可说是一片光明。以前，一有什么事情，俊泰总是最先想到他。

在等红灯的时候，俊泰想起了很多事情。记得有一次，他和东基一起坐在医院的大厅里，这一辈子他都不会忘记当时的感觉。

那时候，俊泰的父亲已经到了肺癌晚期，住进医院的时候已经没法救治了。无奈之下，俊泰伤心地送走了父亲。俊泰的父亲在世的时候，很反对去医院看病，他认为医院是有钱人才能去的地方，住院就等于砸钱。他是一个很固执的人，不会轻易改变自己的观点，最后，可怕的癌症无情地摧毁了他的身体。

"如果能早一点儿发现，如果能及时治疗，如果能有更多的钱……"

The Power of Trust 充分信任的伟大力量

父亲走了，俊泰的眼泪就像洪水决堤一样倾泻而出。这时，唯一能让他依靠的就只有东基的肩膀了。

他难过，他伤心，他悔恨，他认为是自己一手把父亲推向了死亡。很长一段时间以来，他都活在自责的阴影里。他对命运束手无策，对前途无力把握。他只能沉默，只能哭泣，只能忍耐……

东基帮俊泰一起把父亲的葬礼办得体面周全，就像对待自己的亲生父亲一样上心。本来要在医院举行葬礼是很难的，但在东基的帮助下，却变得轻而易举。

一切都很顺利。每次遇到困难的时候，东基总是第一个向俊泰伸出援助之手。也只有看到那双手，俊泰才会有力量。只有在东基那里，俊泰才能得到真正的慰藉，这是妻子和家人无法给予的感觉。

"俊泰，加油吧，因为有你这个坚实的后盾顶着，所以你的父亲才会走得如此安心。想想你的母亲，还有你的弟弟们，你不能泄气。你是谁？你可是我李东基的朋友孔俊泰啊。"

前传
无论怎样努力,总是无能为力

正在积极准备语言考试的俊泰,因为父亲的去世不得不放弃了自己的记者梦。为了谋生,他很快就在一家公司找到了工作,那家公司就是他现在的栖身之地。上班以后,他的每一天几乎都是在奔波忙碌中度过的,他没有好好休息过一天。就在他对眼前的生活感到失望的时候,东基打来了电话。

"俊泰啊,是我,我现在在非洲呢。"

"什么?你说什么?你不是应该在医院吗?你没有上班吗?你说现在你在哪里?"

"这里真的很好,我想天国也不过如此吧。"

东基的电话让俊泰异常激动,他无时无刻不在盼望着东基的电话。但是东基这没头没脑的话,着实让俊泰困惑了一番。

一直在医院里关注生命和死亡的东基,看到过太多人在死亡边缘上挣扎的情形。太多的生命,太多的死亡,让他迷失了方向。为了找回自我,他早就想远离这一切,到一个陌

充分信任的伟大力量

生的地方去。现在他真的做到了。俊泰对他的这种洒脱佩服得五体投地。

曾几何时,他们一起探讨人生,一起寻找梦想,一起规划未来,一起激励对方……而现在,这一切都一去不复返了。变化似乎就发生在一瞬间,他和东基的人生失去了交点。从此,各走各的人生路。

也许能够彼此想念也是一种幸福。虽然那已经是很久以前的事了,但回想起来却仍历历在目。此时此刻,他真想看着东基的脸,看着东基关怀的眼神,然后向东基倾诉自己心中所有的不快,抱着他痛哭一场。这个时候,男人是最理解男人的,尤其是多年的朋友。

俊泰无助的眼睛里映满了东基的影子。这时,突然有人敲了敲他的车窗。那个人穿着工作服,看起来像是运输公司的员工。俊泰轻轻摇下车窗,以为那人要向他问路,于是对他笑了笑。年轻人脱下了帽子,很有礼貌地对俊泰鞠躬行礼,然后说:"您好!有个问题想请教老板,您喜欢吃海鲜吗?"

前传

无论怎样努力,总是无能为力

突然被这么一问,俊泰有些愣住了,这实在是太出人意料了。他诧异地看着那个年轻人,瞪大眼睛用充满疑惑的口气回答道:"我?还算可以吧,有什么问题吗?"

俊泰的答案就像是兴奋剂,让年轻人忽然变得异常兴奋,说:"啊!是吗?那真是太巧了。是这样,我是负责运输海鲜的职员,我们的海鲜特别新鲜,您要不要看一下?"

"我没什么兴趣啊……"

俊泰摇了摇手,一脸的不耐烦,接着便摇上了车窗。年亲人的脸上依然挂着亲切的笑容,迅速用手拦住了正要阖上的车窗。

"真是遗憾,真的不看一下?您会后悔的,其实我们这样做也是情非得已。这些本来都是要送到大商场的特殊物品,因为担心货物不够,所以每次运送的都比订单上的多两箱,但是每次都会剩下一些,往返一趟要花很长的时间,吃苦的只有我们和司机。如果把剩余的带回去,肯定又是进了那个营业部长的腰包,反正钱都到了他们的腰包里,我们能赚到喝一杯烧酒的钱就不错了。老板,您今天运气真好,您要不过来看看吧!不会耽误您很长时间的。"

年轻人的话挑起了俊泰心中的欲望,让他有些心动,问:"是吗?那你们是怎么卖的?"

听到俊泰这么问,年轻人开心地从车里拿出一个箱子。

"两箱济州马头鱼,加上三箱灵光黄花鱼!一共5箱,150万韩元。"

"什么?150万韩元?"

虽然俊泰心里知道马头鱼的价格不菲,但还是被这个数字给镇住了,一脸的惊讶。年轻人皱起眉头看着他,好像在埋怨俊泰不了解行情。精美的包装让俊泰有了一丝心动,年轻人好像有所察觉,便说:"老板,看来您不经常吃马头鱼,不了解行情。它在商场里非常抢手,很多地方都断货了,想买都没处买。再看看这精美的包装,就是送人也很体面!济洲马头鱼和灵光黄花鱼都很珍贵,在一般的菜市场是买不到的,我们今天以这个价卖已经很亏了。"

前传
无论怎样努力，总是无能为力

年轻人屏住呼吸，几乎是贴在俊泰的耳边说："老板！就给30万韩元吧。"

"30万韩元？"俊泰这次是真动心了。看着眼前谦逊的年轻人，听着他每句话都不忘带上"老板"二字，又是这么低的价格，俊泰的心中荡起了冲动。

"30万韩元，并不是一个小数目，不过只要货真价实也值了。"俊泰在心中盘算着，想来想去，还是觉得这是一个很难得的机会。但是买了送给谁呢？这又是一个问题。突然，他脑海里闪过一个身影，那就是他的表哥成贤。

"这样吧，我先看看货再说。"也许是聊得多了，大家都比较熟悉，俊泰的语气也就变得随意了些。

年轻人急忙叫人把装着海鲜的箱子放到俊泰的后备箱里，好像很担心俊泰会突然改变心意似的。

"老板，这次您真是赚大了，以后肯定会感谢我的。30万韩元，就和白拿一样。"

The Power of Trust 充分信任的伟大力量

俊泰脸上洋溢着得意的表情，瞥了一眼后备箱，确认无误后，从钱包里拿出10万韩元的支票和5万韩元现金，边递给年轻人边说："给！"

年轻人拿着15万韩元，一脸的诧异，看着俊泰，眼睛里泛出为难的神色，好像在寻求答案。

"老板，这样可不行啊。这个价也太低了吧？"

"哎呀，现在这个社会，谁会带那么多现金啊？"

俊泰显得很理直气壮，提高音量说道。

"你要知道，我很忙，因为听了你的情况，出于同情我才买下来的。否则我干嘛花那么多钱买这玩意儿？我身上只有这么多了，不愿意卖的话可以把东西拿回去。"

俊泰的语气很蛮横，让人没有选择的余地。年轻人想了一会儿，无奈地低下头，说："算了！反正这次我们是吃亏吃定了。"

俊泰面无表情地看了看年轻人，慢慢地摇上车窗，其实

前传
无论怎样努力,总是无能为力

他心里十分得意,为自己砍价的能力得意,连他自己都很佩服自己,居然能把这笔交易做得这么成功。于是他满载海鲜,满载开心和得意,出发了。

"本来卖150万韩元的东西,居然被我用15万韩元就买了下来,真是了不起。这么多天来,没有一件事情能让我顺心,今天还真是幸运。如果把这个送给表哥,他一定非常高兴。"

俊泰突然有点儿懊悔,为什么没早点儿去找表哥呢?他可是"智慧"猎头公司的老板,他肯定能帮自己找一个顶替夏代理的合适人选。但一想起要去找他,俊泰心中又升起了一种莫名的负担。表哥是一个成功的企业家,是一个经常在杂志上抛头露面的公众人物,而他自己却只是一个小小的组长。

"他有着惊人的策划能力和人际关系网,迅速成长为CEO!从低层职员迅速升职的神话人物!下一代人学习的榜样,他就是企业黑马——孔成贤!"

这一系列的头衔,让表哥显得处处都光彩照人。其实,家族中出现这样一个精英,是一件令人高兴的事情,而且成

The Power of Trust
充分信任的伟大力量

贤并不是那种虚情假意的人，他曾经真心实意地帮助过俊泰，俊泰之所以能在现在的公司工作，也是他介绍的。这些都在无形中给俊泰施加了压力，每次都是俊泰开口求人，难免会让他产生自卑和不安。在他面前，俊泰永远是那么渺小、谦卑，从来没有大声说过一句话。想着想着，俊泰有些惆怅，不知道要以什么理由把礼物送给他。突然，俊泰像想起了什么似的，一下子变得开朗了。再过几天，就是祭祀的日子了，以此为借口，把海鲜送给表哥，不就顺理成章了？

"也许所谓的一石二鸟，就是这个意思吧！"

想到这儿，俊泰变得很兴奋，血液里澎湃着一种难以遏制的激情。他似乎想要炫耀什么似的，微笑一直在嘴角尽情地绽放着。

建筑物的玻璃幕墙在阳光下闪闪发光。

一进写字楼的大厅，俊泰就觉得步履轻盈。他习惯性地环视了一下四周，眼中的一切都近乎完美。

他的出现引起了保安的注意，于是走上前来询问。听俊

前传
无论怎样努力，总是无能为力

泰说要见老板，保安脸上立刻堆起了献媚的笑容，向他鞠了个九十度的躬。俊泰却显得有些傲慢，只做了个手势便上了电梯，根本就没有回礼。在电梯里按下了通往顶层的按钮，一种莫名的压抑感突然向俊泰袭来。出了电梯，为了缓解内心的压抑，俊泰深深地吸了一口气，然后推开总裁办公室的门。

俊泰被眼前的景象惊呆了，坐在总裁座位上的并不是表哥，而是自己的侄子，也就是二表哥的儿子，他一时回不过神来，立在地上的身子显得有些僵硬怪异。

"啊？你怎么会在这里？很长时间不见了。"俊泰说。

侄子见到俊泰，赶忙从座位上站起身来，又是鞠躬又是敬礼的。

"是的。您好！我来找大伯父，想跟大伯父谈谈将来的事业。"

"是吗，最近怎么样了？我听说最近搞纯艺术的人是寸步难行啊……艺术只属于有钱人。你还是趁早回头，活得现实一点儿,要么做设计,要么继续深造,你不觉得这样更好吗?"

"啊,是……"

俊泰的话直截了当,直刺到侄子的自尊上,尴尬让侄子有些不自然,只从嘴里挤出了这两个字。

这时,成贤回来了,西装革履的他站在侄子旁边,看着俊泰说:"啊!你来了。怎么事先都没跟我说一声呢?"

真是一语惊醒梦中人,成贤的话,提醒了俊泰,这时他才想起自己到这里来的真正目的。

"呵呵,也没什么,只是想跟大哥聊聊。我刚从顾客那里回来,来的路上看到海鲜不错,就顺便买了一些。这可是济州马头鱼和灵光的黄花鱼。我一直想为家里的祭祀做点儿什么,但从来没能帮上什么忙。今年正好赶上了,也算能尽一点儿力了。把你的车钥匙给我,我把海鲜放到你的后备厢里去。"

前传
无论怎样努力，总是无能为力

俊泰想象着成贤开心的样子，自己就先沉醉了，于是一边说一边傻笑。但现实往往和想象相差很远，收到礼物的成贤并没有喜色，而是满脸惊讶。

"谢谢，你嫂子知道了一定会很开心的。但是我马上要去参加一个演讲，恐怕没有时间了，你的心意我领了，你们还是自己留着吃吧。如果事先打个招呼就好了，这可怎么办呢？要不……等我两个小时？哦，不行，我想想，我回来之后，还要召开新职员会议，你看……"

成贤说得很委婉，脸上透着为难的神色，为了显示自己的诚意，在电脑上不停地查看日程安排。这时的俊泰，强忍着自己满腹的委屈，有些尴尬地说道："没关系，大哥，我把海鲜放在您的车上就先走了。没有先跟您打招呼是我的失虑。反正我也还有事，您现在忙的话，那就过两三个小时再说吧！您看怎么样？"

成贤竖起了大拇指，表示接受俊泰的建议。

"要是那样的话就太好了。看样子不是一时半会儿能谈完的事情，那就等闲下来之后慢慢谈吧！如果你能早来一会儿就好了。今天的事情真是没办法推掉，很早就跟管理部门约好的，所以……"

这并不是全公司范围内的会议，只是老板和管理部门新职员之间的交流，这会是一种什么情况呢？俊泰心里萌生出了一些疑问和好奇。

"新职员？大哥，您难道还负责与管理部门的新职员交流吗？为什么……"

正在准备笔记的成贤回答说："现在公司正在推行公司内部交流制度。这种制度简单地说，就是新职员向领导提出面谈邀请后，领导再抽时间去赴约。你想，在时间允许的情况下，见一两个人，谈天说地不也很好吗？如果还能帮助新职员的话，那岂不是更好了？总之，这件事对公司百利而无一害，还很有趣。谈什么的都有，偶尔听听年轻人的想法，感觉也不错。"

孔成贤会关心人是出了名的。就算是别人的事情，他也会当成自己的事情去做。只要有人需要他帮忙，他总义不容辞。在俊泰眼里，能做到这些的人，一定很有时间，也一定

前传
无论怎样努力，总是无能为力

很成功。

"呵呵，是吗？那大哥可是要拿加班费的啊！工作这么卖命，要是累坏了，麻烦可就大了！"说完，俊泰轻轻地叹了口气。血浓于水的亲情让他忘记了刚才的不快，情不自禁地关心成贤。

"谢谢你的关心！有时间去做一些别人没有做过的事情，感觉真的很好。与年轻人聊天，常常会得到很多意外的收获。他们是抱着从我身上学东西的目的邀请我的，现在反而是我从他们身上学到了不少东西。"成贤兴致勃勃地说着，激情洋溢。

"我也希望能从年轻人那里学到些什么，可是我周围的那帮家伙，只要他们不敲我的后脑勺，我就阿弥陀佛了。"俊泰愁眉苦脸地说。一想起那个可恶的夏代理，他的怒火就无法抑制。

听完俊泰的怨言，成贤从嘴角抛出一个诡异的笑，似乎早就看透了俊泰的心思。

The Power of Trust 充分信任的伟大力量

"时间久了,你自然也就明白这其中的微妙之处了。"

透过办公室的落地窗,城市的繁华一览无余。一朵很大的云彩从建筑物中间飘了出来,悬在高空,看上去就像一头巨大的母牛,挂在俊泰身后,成了他的背景,显得有些突兀。"好了,那就这么定了。晚上我请你吃饭的时候,你可要空着肚子来啊!"

"是,知道了。那么您先去忙吧。"

临走的时候,俊泰拍了拍侄子的肩膀,用眼神鼓励他。在他刚要出门的时候,突然被成贤叫住了。

"俊泰啊!等一下。你要不要跟我们一起去?那是一个叫作'富翁成功秘诀'的讲座,都是一些名人,很难得。再怎么忙,也应该抽点儿时间去听听,你肯定会受益匪浅的。"

听完,俊泰使劲摇晃着脑袋,很坚决地说:"不了,今天确实有点儿忙,下次吧!"

俊泰来到了地下停车场,把海鲜装在成贤的车上。突

前传
无论怎样努力,总是无能为力

然,他觉得有千万股思绪向自己涌来。他实在无法理解成贤的想法,不知道成贤是以一种什么心态去听讲座的。

"难道他们真的认为,几句话就可以改变人生吗?真是幼稚。"

俊泰关上后备厢,心里想,与其在这些事情上做无用功,还不如去多买几箱马头鱼呢。

俊泰也曾有过自己坚守的东西。曾几何时,他坚信有些东西是需要用自己的生命和一生去守护的。上大学的时候,他对未来满怀憧憬。志修出生的时候,看着抱着孩子的妻子脸上洋溢出幸福的笑容,俊泰暗暗下定决心,要做他们坚实的后盾和温馨的港湾。但是,那些他曾经想用生命去守护的东西,渐渐地变得像泡沫一样虚幻。他无数次问自己这是为什么,但是那些问题就像落进了无底深渊,没有回应。他觉得,自己的行为在慢慢地背弃自己的灵魂。他现在唯一能坚守的,也只有那七八平方米的办公室了。时间冲刷着他的记忆,让记忆慢慢变得模糊起来,孤单和迷茫让他没有一点儿安全感,他找不到任何依靠。

The Power of Trust 充分信任的伟大力量

虽然他也和成贤一样有才华，但却不像成贤那么幸运。在他看来，成贤就是一个幸运儿，就算摔倒也能捡到金子。成贤就像一面镜子，照出了自己的很多缺陷。在没有成贤的地方，这种想法被他约束、隐藏起来，但是一见成贤，它们就像是找到了靠山一样，在他的身上耀武扬威，对他百般蹂躏。他越是觉得成贤优秀，就越是觉得自己悲惨。成贤正走在光明大道上，而他自己却躲在社会阴暗的角落里垂死挣扎。一种强烈的被遗弃的感觉向他袭来。

拒绝了成贤的邀请，并不是因为俊泰真的有什么重要的公事要办。他只是想找个清静的地方，享受一下静谧的空气。但他不知道哪里才是真正安静的地方，只是无意识地向前开。不知不觉中，他竟来到了高尔夫球场。

人语车鸣在一点儿一点儿地往后退，直至消失在天际的尽头。逃离了喧嚣的都市，眼前出现一片铺满绿色的草坪。这简直就是另一番景象，让人心旷神怡。在这种清幽的环境里，俊泰有一种豁然开朗的感觉。生长在阴暗角落的压力、紧张和烦恼，在这种环境下都逃之夭夭了。他把车子停在练习场的入口处。

前传
无论怎样努力，总是无能为力

俊泰拿起了球杆，满怀激情。本想好好操练操练的，但却频频打出空球。也许因为自己带着太多的杂念，精神有些分散，所以球杆和球才会以这种方式表示不满，驱赶着他在打球过程中的良好感觉。于是他停止了击球，用球杆抵着头，天马行空地胡思乱想，一副百无聊赖的样子。

"到底是为什么呢？"

是啊，为什么一个球都打不进呢？自己那么努力工作，那么努力包装自己，可为什么挫败感却在心里越扎越深呢？上司对自己无情地压制，下属不把自己放在眼里，家人与自己无法好好沟通……这一切，就像怪物一样，正张着血盆大口，想伺机将自己吞掉。俊泰觉得自己浑身上下没有一处得到过别人的肯定，真是失败到了极点。

俊泰在痛苦中苦苦挣扎。

痛苦吸去了俊泰身上所有的力气。正在这个时候，手机响了，是成贤打来的，说自己现在就在俊泰公司附近，让俊泰出来。俊泰无力地拿着手机，皱着眉头。

The Power of Trust 充分信任的伟大力量

请停止奔跑

在一家装饰朴素却弥漫着高雅气息的饭店里,俊泰见到了已经到了很久的成贤。俊泰以前从来没有发现公司附近居然还有这样的地方,想想,真觉得自己有点儿孤陋寡闻。这里的服务员都穿着漂亮的围裙,别有一番风情,她们温柔而且有礼貌。俊泰在她们的引导下来到了成贤旁边。

"这里!营销界闪亮的新星——孔俊泰组长!请到这边来!"成贤大声地喊着。

俊泰下意识地看了看身边的服务员,尴尬地冲成贤笑了笑。听了这句话,他心里有一种无法言喻的难过,模糊但真切。

前传
无论怎样努力，总是无能为力

"什么新星啊，大哥！您也真是的……"

憋了半天，这句话终于冲出了俊泰的嘴唇，传递到空气中。难过归难过，但成贤的话还是让俊泰在潜意识中提高了自己的地位。俊泰小心翼翼地坐了下来。就在他用湿巾擦手的时候，成贤已经开始点菜了。

"谢谢。我们就点这些吧！要不要再来一道正餐呢？上次吃的时候，觉得不错，很正宗。这里的服务也不错，是我去过的所有饭店中最好的。还有啊，麻烦你转告厨师，就说上次的菜非常好吃，所以这次我们又来了。"

"是，知道了。"

服务员脸上堆满了笑容，就像刚出水的芙蓉一样，让人赏心悦目。

在菜单合上的那一刻，俊泰赶忙补上了一瓶清酒，并且要求烫一烫。接着他又点了一些干凤尾鱼。这一系列的动作做完之后，他看了成贤一眼。

The Power of Trust 充分信任的伟大力量

因为这个地方刚好就在公司附近，所以俊泰直接把车停在了公司下面。他觉得这里的气氛很好，舒适宜人，所以他的心情依旧和在高尔夫球场一样舒坦。

"真是不错啊！我还真不知道这里还有这种地方。真的那么好吃吗？"

看着俊泰惊讶的表情，成贤脸上扬起一个诡异的笑容，说："我也觉得很不错。人就是这样，如果心里想着好吃，那它就会变成美味佳肴。刚才都让服务员跟厨师说好吃了，那这次肯定就会更好吃了。以后你要是想在饭店里吃到好东西，一定要记得恭维厨师！这招很有效。"

成贤的话唤醒了俊泰的记忆，脑海里呈现出自己和厨师面对面的情景。一次是因为在饭里发现了石头，一次是因为食物的味道差到了极点，俊泰不愿意付钱，于是双方起了争执。遇到这样的事情，也许很多人都会做出和俊泰一样的反应。而成贤却不同，他知道防患于未然，在饭菜上来之前，就夸奖厨师。

空空的餐桌被一道道端上来的菜占据。成贤和俊泰一直

前传
无论怎样努力，总是无能为力

在闲聊，在闲聊的过程中，成贤问起了俊泰的家人。

"好久不见了。怎么样，一直都挺顺利的吧？弟妹和志修都还好吧？"

"哎！别提了，一说起这个就头疼。志修那家伙，整天除了玩游戏还是玩游戏，根本不把学习放在心上，谁的话也不听。而我家里的那位，整天就知道跟我提钱。我都快要崩溃了。"

俊泰的牢骚饱含着愤懑和不满。这时，他突然想起了来见成贤的目的，猛地转变话题，说："哦，对了，大哥，您那边有没有营销方面的人才？"

"怎么了？"成贤疑惑地问。

俊泰重新摆了一个姿势，接着说："也没什么大事，只是我那边急需一个这方面的人手。公司里有一个让人头疼的职员，哪里是我在带着他工作啊？简直就是我在伺候他。他本人也在考虑辞职的问题，我也不想总被他打击，所以想找一个能够一起共事的人。"

俊泰一口气说出了所有的烦恼，顿时轻松了不少。

"说实话，现在做组长简直就是受罪。下面的人顶撞自己，上面的人又总是压制着自己，真是连死的心都有了。更让人受不了的是，现在连一个真正尊敬你的人都没有，哪还能指望会有一个值得信任的手下呢？我现在真是……"

成贤一直在一旁默默地听着。这时，他突然向俊泰提出了一个问题："你知道最先研制汽车的是哪个国家吗？"

"啊？不是德国吗？"俊泰不假思索地说，显得有些惊讶，这样的问题太小儿科了，还拿来问他。

成贤露出一个意味深长的笑容，摇着头说："不是，虽然现在德国是汽车制造大国，但最早制造汽车的国家是英国。1765年研制出蒸汽汽车引擎的詹姆斯·瓦特，1839年开发电力汽车的安德森，都是英国人。英国作为工业革命的领头人，开发了很多当年的尖端技术，而且把它们传播到了世界各地。汽车也不例外。1884年以后，德国人戴姆勒和奔驰开发了汽油车。10年后，德国工程师鲁道夫·狄塞尔又开发了柴油汽车。可是，英国的汽车产业为什么没能继续发展壮

前传
无论怎样努力，总是无能为力

大呢？"

"就是啊。是因为技术机密外泄，还是被别国开发的新技术打倒了呢？"俊泰的脑袋倾斜着，边思考边问。

成贤笑着，笑得很含糊，伸手握住餐桌上的水杯。

"虽然原因很多，但最根本的原因是他们拿起石头砸了自己的脚。你听说过维多利亚女王颁布的'红旗法[①]'吗？"

俊泰挠了挠头，满脸困惑。于是成贤继续说："汽车的商业化，导致马车业受到了巨大的损失。于是英国就颁布了这个法规，它的内容很有意思，一辆汽车必须有三名司机，一个人在白天扛着红旗，一个人在晚上提着红灯，目的是在距离55米远的地方，就告诉人们汽车来了。而且最高时速不能超过6公里，尤其是在市区，时速要在3公里以下。你对这个法规有什么看法？"

俊泰沉默着，摇了摇头。面对这种不可理喻的法规，他

---

① *Red Flag Act*，世界上最早的机动车交通安全法规。

只能举起白旗了。

"怎么会有这种愚蠢至极的法规?居然把时速在30公里以上的汽车限制在时速6公里以内。这样一来,怎么还会有人在英国制造汽车呢?"

"是啊!所以英国在1896年废止了这条无聊的法规。但就是在英国打击汽车制造业的时候,法国和德国已经具备了所有的汽车生产要素和完整的生产体系,生产出来的汽车也广受欢迎。英国为了拯救夕阳产业——马车业,而颁布了这个法规,但最终却是赔了夫人又折兵,不仅没能挽救马车业,还错失汽车行业发展的最佳机遇。"

俊泰仔细一想,觉得成贤说得很有道理,说:"对了,我听说在德国,汽车在专用的高速公路上行驶,它的时速是不受限制的。这一规定还促进了德国汽车产业的迅猛发展。英国把汽车的时速限制在6公里以内,而德国却恰恰相反,建造了一条没有速度限制的高速公路,简直就是两个极端。"

成贤点了点头,表示赞同俊泰的看法。

前传
无论怎样努力，总是无能为力

"就是这样！俊泰，你想想看，世界上会奔跑的不仅仅是汽车啊！"

成贤看着俊泰，眼神里充满了认真和严肃，意味深长地说："也许，有时我们也会借安全的名义，把人生捆绑起来，让它屈从于自己设定的速度。我并不否认，有时候我们需要纯正的、不带任何杂质的保护、理由和自制，但有时候这却会成为一条无形的'红旗法'，也许你自己意识不到它的存在，但它却无情地捆住了你前进的双腿。"

成贤的一席话，让俊泰如梦方醒，好像有一股力量压在他头上似的，压着他的头往下再往下，他陷入了沉思。他承认自己是一个讨厌喜欢表现自己的人，认为那是一种炫耀，无论做什么都喜欢给自己划定一条安全防线，而且绝对不会越出一步。每次完成任务的时候，都会满足于自己的成果，认为自己很了不起。但回到现实中的时候，他才发现自己做得远远不够，身上满是缺陷。

成贤的话虽然委婉而温和，但到了俊泰的心里就变成了一把利剑，一下一下地刺痛他的心。现在，他终于明白了，

The Power of Trust 充分信任的伟大力量

自己比起成贤来很逊色,成贤知道很多自己不知道的事情。

"到现在,我还在一直在不停地奔跑,连喘息的时间都没有,难道这本身不就是问题吗?"

西装配上领带,俊泰的衣着是那么的恰到好处。但成贤刚才的一席话却无情地揭下了他身上的所有装饰,让他赤裸裸地站在成贤面前。衣服被它撕得粉碎,皮囊被它剥了下来,肉也被它削得所剩无几,现在就连空气都能在他的体内肆意乱窜。

成贤凝视着俊泰,看到他脸上跳动着的慌张,慢慢地转动着水杯,语重心长地说:"其实一切都在于你自己。刚才你说要找新人,我理解你的想法。但仅仅只是换一个员工的话,对公司的现状起不到半点儿作用。况且要找一个合适的人选也不是一件容易的事情。不如用一颗宽容的心包容后辈的傲慢,好好跟他合作吧!如果那样还是不行,到时候我会尽我所能帮你的。"

前传
无论怎样努力，总是无能为力

一封神秘的邮件

和成贤分手后，俊泰独自一人走在回办公室的路上。他的脑袋异常清醒，这是以前从来没有过的感觉。仿佛是在这炎炎夏日里，一盆冷水从天而降，洒到了俊泰脑袋里的每一个角落，浇熄了他熊熊燃烧着的怒火。

成贤的话不断地萦绕在俊泰的耳边，向他一遍一遍地讲述着"红旗法"的故事，悄悄捆绑住自己双脚的"红旗法"……这让俊泰心里升起了一抹淡淡的伤感。

办公室里还亮着灯，俊泰知道大家现在都还没有下班。

俊泰一走进办公室，组里年龄最小的员工智慧就跑到他跟前问："组长，要不要一起去喝杯啤酒？"

The Power of Trust 充分信任的伟大力量

难怪大家都还没走,原来是约好了晚上一起去喝啤酒。

此时的俊泰,哪有心情去凑那份热闹。于是他摇了摇头。

智慧很自然地耸了耸肩,似乎早就知道会得到这样的答案。他一溜烟回到了自己的座位上,在身后甩下一句满是虚情假意的话:"哎呀,一起去呗!"

职员们成群结队地走出办公室,公司里慢慢安静了下来。现在的俊泰失落到了极点,只是静静地坐在那里,一动不动。

俊泰很迷茫,不知道接下来要做什么,考虑着用不用叫司机过来接他。但最后他还是决定,在公司里待一会儿再回去。

窗外的路,忙碌地载着下班的人群,一直伸向很远的地方,一团团闪烁的灯光排成一条长长的队伍,看不到边际。映在俊泰眼睛里的影像被泪水打湿,一点儿一点儿被稀释、溶化,慢慢变得模糊、破碎。每一天,时间都像深陷泥泞的

前传
无论怎样努力，总是无能为力

双腿一样，艰难地前行，漫长得让人的记忆开始模糊。来时的路已经被远远地荡出了视线，未来的路却被时间携到了遥远的前方，眼前只剩一片空白。

和妻子吵架，与夏代理发生摩擦，生活中的一切，在俊泰眼里都成了一团团解不开的矛盾，一个个无法解决的问题。在与成贤分手前，他问过成贤一句话："大哥，为什么你的运气总是这么好呢？"

"因为我生活在一个明亮的世界里。人生哪有什么正确答案，只是一场游戏，只不过这场游戏是由我的意志和视野来操控而已。"成贤看着俊泰焦躁的表情，笑着说。

面对成贤充满玄机的答案，俊泰有些困惑。前方依然被迷茫占领着，他找不到出口。

俊泰沉浸在自己天马行空的想象里。也许现在的问题并不是"我活得多么认真"，而是"我一直以来到底得到了多少肯定"。

窗外的路那么多，让人看得眼花缭乱，却没有一条是属

The Power of Trust 充分信任的伟大力量

于俊泰的。就连家也成了让他畏惧的地方，在那里他找不到一丝舒适的感觉。这时，公司门前十字路口的信号灯从红色跳到了绿色。

办公室虽然不属于自己，也不是一个适合休息的地方，但此时，它却是唯一一个让俊泰留恋的地方，也是俊泰最想待的地方。突然，一个东西从俊泰脑海里闪过，那是上午东基发来的邮件。于是他打开电脑，打开了邮箱里的电子邮件。

亲爱的朋友，俊泰！

"人的生活方式有三种：要么逃跑，要么旁观，要么去碰撞。"

你还记得这句话吗？这是电影《欢喜城》中的一段台词，我们一起看完这部电影后，还把它记在书本上，一起背诵来着。

前传
无论怎样努力，总是无能为力

一直以来我都没有和你联系，现在写信给你也许有些突然，但我并不想多做解释。我现在在斯里兰卡，在这里已经待了3年了，在这之前，我在非洲待了5年。现在我正在等待新的派遣命令，可能会被派到印度。现在我待的地方属于边境地区，所以偶尔也会听到枪声，但这里的人真的很淳朴，没有人认为自己了不起，遇到困难的时候，他们会真心帮助对方。刚开始到这个地方时，我经常会被枪声吓到。但现在我对这种声音已经很熟悉了，就像对风声一样熟悉。

昨天晚上，我梦到了你。你形色匆匆，一脸烦躁不安的表情。感觉你好像有什么话想对我说，但还没来得及说，你就急匆匆离开了。

不要忘记，我每天都在为你祈祷。你是个可以克服任何困难的家伙。我相信你，因为我知道你一定会解决好所有的事情。

今天我之所以写信给你，就是想给你讲一个故

The Power of Trust
充分信任的伟大力量

事。这个故事是我从非洲得到的，很珍贵，是一个关于九头母牛的故事。人生当中有无数个奇迹的瞬间，可以说这是一个神奇的旅程。这个要与你一同分享的故事，还得从8年前开始说起。

The Power of Trust

正传

九头母牛，创造无限可能

人与人之间总有一束光芒在流动，
肯定和相信对方的价值，
相信无限的可能性，
互相信任的人之间，会产生神秘的力量，
会互相扶持。

正传
九头母牛,创造无限可能

沙包挖那(你好)①

在素有"非洲神秘大地"之称的南部草原上,有一个古老的村庄,名叫土古子。它藏在一座大山的身后,那里的人们继承了古老的祖鲁族的传统和文化,用一种独特的方式生活。

这里聚居着一小群土著居民,他们把这里当作世外桃源。村里的人淳朴、勤劳,以耕作和养牛为生。一些心灵手巧的媳妇还会做一些传统的手工艺品和装饰品,拿到集市上去卖,换回一些日常用品和钱。去往集市的路很远,需要几个小时,村与村之间也相距很远,但是遥远的路途却割不断土古子村村民比羊毛还厚的友谊。

---

① 祖鲁族语,意为"你好"。

The Power of Trust 充分信任的伟大力量

很久以前，祖鲁族的祖先们为了显示自己的勇猛，用动物的皮毛和骨头制作装饰品。现在村里的人依然沿袭着这个古老的风俗。如果有一天，你在土古子村遇到全身挂满装饰品的人，千万不要把他当成一个追求时尚潮流的人，他可是一个不折不扣的勇士。

在这里你看不到水井，只能看到一条清澈的河流在缓缓地流淌。白天，女人们会抱着装满脏衣服的筐子到河边洗衣服。潺潺的水声伴着女人们爽朗的笑声，奏出一曲和谐悠扬的乐曲。发生在这里的故事，也像水一样，潺潺流动，耐人寻味。这个村庄里的和谐，就像天空中的太阳和月亮，亘古不变。

我是唯一在这个地方生活的外国人，也是唯一的医生。土古子村的诊所是一个大帐篷，我在那里做医疗救援工作。

太阳就要淹没在山的那边了。我结束了一天的工作，收拾完帐篷诊所后，把帐篷的帘子放了下来。对我而言，土古子村的村民就是一群熟悉的陌生人，也正是这群熟悉的陌生人让我明白了一个道理：岁月不仅仅在一分一秒地流逝，也

正传
九头母牛，创造无限可能

在一天一天地积累。

在这个古老的地方，你几乎看不到一丝现代文明的痕迹。如果一定要找出象征文明的东西的话，那就只有自行车了。我走到立在阴凉地里的自行车旁，一跨腿骑了上去，轮胎在我身下慢慢转动。

"呼……咿咿咿……"

正在我准备加速前进的时候，一个从远处传来的声响从我耳边飞过，就像夜鹰声划过寂静的夜空那样凄厉刚劲。我下意识地回过头，看到了一个古铜色皮肤的剽悍的年轻人，我定睛一看，原来是澈宝，他对我挥了挥手。仅是这样一个简单的动作，也让我觉得无比亲切。

"沙包挖那！温杂你？"

澈宝拥有洪亮的嗓音、健壮的体魄和一双单纯明澈的大眼睛。他就住在山冈下，我经常会以参观他做的传统工艺品为借口，到他家访问。他的家很有特色，是一座圆形的茅屋，属于传统的土著居民建筑。我每次去都会仔细参观他家里的每一个角落，我注意到，他家里那些非洲传统手工艺品很特别。

在我眼中，澈宝永远是那么阳光。尽管他早早就担起了家庭的重担，上有体弱的老母需要照顾，下有年幼的小妹需要呵护。他在生活中遇到过很多困难，但他从来没有愁眉苦脸过。他会把自己的快乐输送给身边的每一个人，所以每次只要一看见澈宝，我的心就会变得明朗起来。

他还教了我一些简单的祖鲁语言，比如说"你好"是"沙包挖那"，"过得好吗"是"温杂你"……

"澈宝，温杂你？你要去哪里？"

"今天这么早就关门了？今天的天气有些闷热，我正要带吗皮去喝水呢！也许是天气太热，这个家伙一整天都闷闷不乐的。"

澈宝一边说话一边用手指着旁边的母牛。那是他的好朋友，也是唯一一个在他难过的时候陪伴着他的"亲人"。

正传
九头母牛，创造无限可能

"是啊！这该死的天气真是糟糕透了。动物也和人一样，牛也是需要爱护和抚摸的，只有在它感觉到主人对它的爱的时候，它才会卖力干活啊！"

"是啊！这家伙都能听懂人话了，如果你在它面前说它的坏话，它可是会生气的。吗皮是姐姐出嫁时姐夫送的聘礼，现在它已经成为我们家族的一员了，它的命运和我的家人紧紧地连在了一起。要是它生病，我们就会担心是不是姐姐也生病了；如果它的身体非常健壮，那么我们也会认为姐姐的身体很健康。它的名字和姐姐的只有一字之差，我姐姐叫吗皮泡，它叫吗皮。哈哈！看我都说了些什么。先生现在要去什么地方呢？"

"嗯，昨天我接到了通知，所以现在正要赶去拉丹酋长大人家。"

凡是涉及通知的事情都是村子里面最重要的事情。

"啊！是啊！我也接到通知了。您知道吗？村子里流传着一个说法，如果在星星明亮的夜晚接到通知，村子就会发生翻天覆地的变化。我想大人今天一定在讨论这个事情。先

充分信任的伟大力量

生接到通知之后是怎样想的？"

我耸了耸肩，表示我也不知道。事实上，这也是我所好奇的事情。

"那好吧，看来只能到酋长大人家里去找答案了。您先去，我给吗皮喂完水，马上就去。请不要忘记我家的大门一直为您敞开。家母常常念叨您，希望您能常来喝茶。"

澈宝笑了，笑容里没有一点儿杂质，一排洁白的牙齿露了出来，彰显着主人的朴实。说完，他便牵着牛慢慢地向前走去。

在我来之前，土古子村村民根本没有见过医生，甚至都没有听说过这个词语。我突然闯入了这个村子，所有人的好奇都聚焦在了我的身上。他们一会儿拉拉我的头发，一会儿又摸摸我的皮肤。那一瞬间，我突然觉得自己像是来到了外星球。

但当我拿出听诊器向他们介绍的时候，他们的热情便消失得无影无踪，像见了怪物一样充满恐惧，向四周逃散。时

正传
九头母牛，创造无限可能

间一天天过去，大家渐渐地接受了我，也接受了我的听诊器。在我们一次次的沟通交流中，彼此也都熟悉了起来，不再像刚来时那样惊讶、恐惧了。相反，倒是我的惊讶一天天多了起来。

一天傍晚，我看见一个戴着大面具的孩子像一个雕像一样站在门口一动不动，也不说话。

我被好奇击得晕头转向，一开始我还以为那只是孩子的恶作剧。后来才知道，这一点儿也不像恶作剧那样搞笑，而是传递消息的一种方式。

土古子没有电话，更别说其他先进的通信工具了，一旦发生重大的事情，就要靠一些脚快的孩子挨家挨户敲门传递消息。为了显示酋长的权威，他们都戴上了具有象征意义的面具。一开始，我并不知道其中的含义。

因为这个原因，在很长的一段时间里，我再次成了村民们谈论的焦点，尤其是孩子们。他们对我的反应感到奇怪，所以都争相来给我传消息。昨天晚上，一阵敲门声划破了夜的宁静，我迎着敲门声去开门，看见一个戴着面具的孩子站

The Power of Trust 充分信任的伟大力量

在门口,他见了我后就把手里的通知递给了我。我看了看通知,上面写着:

重大消息!

明天是酋长大人家的牛喝水的日子。

对于一直在城市里生活的我而言,要想适应非洲的生活,并不是一件容易的事情。很多事情会在没有任何预兆的情况下突然发生,就像孩子会在大半夜里来敲门;在街上遇到一个素未谋面的人,也会拉你到他家里做客。似乎再也没有什么事情比做客聊天更重要了,如果你有急事着急要走,他们就会对你说:"哈库纳,马塔塔。[①]"

刚开始的时候,我觉得这简直就是莫名其妙,甚至有些反感,我每次都只想逃避。但是时间改变了我,让我融入了他们的生活,有时候甚至觉得自己就是一个非洲人。现在,在我看来,那种从天而降的亲切变成了热情,原来很鄙弃的事情变成了爱好,那些让人反感的事情成了我最大的幸福。

[①] 不用担心,都会好起来的。

正传
九头母牛，创造无限可能

以前我对他们说的"哈库纳，马塔塔"很不理解，觉得很可笑，总认为那是他们愚蠢的自我安慰。但现在我彻底改变了原来的观念。其实生活就像他们所说的那样，很多事情就算晚一点儿，又会怎么样呢？世界不会因为某个人的消失而停下前进的脚步，人生也不会因为一时的晚点而万劫不复。

前面就是一段下坡路了，自行车借着坡度疯狂地挑逗着地面，亲吻着山顶的太阳，变得越来越柔情，发着猩红色的光。一头头牛陆陆续续来到了河边喝水，荡起一层层热闹的涟漪。时间一分一秒地流逝，离开会的时间越来越近了。

"难道真的会像澈宝说的那样，村子里将会有重大事情发生？"

想到这里，我更加用力地蹬着自行车的踏板。

一路上，母牛的影子总是停留在我的思想里，挥之不去。在它们被当成聘礼送到女方家的时候，就已经被非洲习俗驯化了，成了那个女孩的象征，带上了她的影子。这样的

The Power of Trust 充分信任的伟大力量

说法已经在这个村寨中流传了两百多年。

在古代,人们总是把自己的命运和天象联系在一起,认为天上的每一颗星星都代表着地上的每一个人。直到现在,这样的星象学在西方都还很流行。

和中国人一样,非洲人也相信天上有牛郎,但他们的这个牛郎并不是痴情的象征,也没有美貌的天仙织女做他的妻子。他们的牛郎是权力和力量的象征,诞生在激烈的角逐中,是所有牛中最有权威的一个,统领着所有的牛,所以非洲人民对牛王充满了敬意。

传说中,最早的时候,由于自然环境的限制,人类根本无法在非洲大地上生存,唯一能在那里生存的是两种会飞的牛。一种生活在水面上;一种是两栖动物,白天潜伏在水底,晚上就会爬上岸。但是两栖牛经常盗取另一种牛的食物,所以它们相处得并不融洽,晚上一碰面,双方就会展开激烈的争斗,为了食物,也为了生存。

两种牛之间的战争连年不断,双方都在战争中各显神通,但每次都是难分高低。在水上生活的牛为了不再受到两

正传
九头母牛，创造无限可能

栖牛的袭击，决定找它们和谈。最后双方达成协议，用决斗的方式选出共同的领导人。

一场惊心动魄的战争就此拉开了序幕，一打就是二十天。哀号声、悲鸣声响彻山谷，震耳欲聋，很多牛在战争中失去了翅膀，很多牛丧失了生命。但战争就是这么残酷，它不会因为痛苦而隐退，因为它一定要决出一个领导人。

水上牛生性善良，其中有一头母牛特别慈悲，她不忍看到战争中的伤亡，希望这场战争能尽快结束，这时她想到了一个传说。传说有一只神兽来到了这里，谁能得到它就能获得巨大的能量，成为牛王。虽然她知道要找到神兽困难重重，机会也很渺茫，但是只要有一线希望，她都不会放弃。

传说仅仅是传说，那样的神兽只是生活在人们的心里，生活在传说里。但是战争必须结束，为了结束这场浩劫，她决定牺牲自己。于是她把身上的角和翅膀全部割了下来，那是怎样撕心裂肺的疼痛啊，这种痛苦整整折磨了她一天一夜。

The Power of Trust 充分信任的伟大力量

两天后，一只全新的动物出现在了牛群里，所有的牛都相信她就是传说中的神兽，于是将她奉为神灵。最终，经过层层选拔之后，她决定嫁给水上牛。从此之后，两栖牛就成了水上牛的臣民。

她这样做的目的并不是想当王后，也不是想成为至高无上的统治者。她只是不愿意再看到战争，不愿意再看到伤亡和流血，只是希望看到所有的牛都能像一家人一样和平共处。

后来她生了20个孩子，九头牛就是其中的一个，人们都称她为信任之神。

信任之神一直在向人间播撒信任，赐给牛群互相信任的力量。所以，在每次捕捉猎物的时候，他们都能齐心协力，相互信任，满载而归。

随着时间的推移，在牛群中间渐渐形成了一条不成文的规则，他们会把值得信任的牛奉为自己心目中的神，尊敬和爱戴他。

正传
九头母牛,创造无限可能

有一天,一个来自山外的不速之客蛮横地侵占了他们的家园。那个怪物头顶上的十只角穷凶极恶地伸向天空,四只翅膀张牙舞爪地向两边排开,他的身体硕大无比,像一座巨大的山。

所有的牛都感到恐惧,而且这个怪物还出言不逊,践踏着牛族的尊严。

信任之神为了牛族的尊严,勇敢地站出来和他战斗。

九头牛用尽身上所有的力量和他搏斗,旁边的牛都为她高悬着一颗心。突然,一声巨响从他们中间传了出来,一颗珠子悬浮在空中闪闪发光。她的母亲看到珠子时,知道那就是她的孩子九头牛,一颗颗伤心的泪珠从她的眼角滚落。在伤心欲绝中,她对怪物施下了诅咒:她的后代中会出现一个能把水变成血液的女子,那个怪物将会死在这个女子手中。

时间如梭,一百年就这样过去了。有一天,怪物从河边经过的时候,看到一个受伤的女子蹲在河边,娇小玲珑,楚楚动人。他被女子的妩媚迷住了,一点点向她靠近,走到她

The Power of Trust 充分信任的伟大力量

面前时,他发现河水在慢慢变成血液,意识到她就是那个能杀死自己的人。

当他想要抽身而退的时候,一切已经晚了,他的身体已经沾上了她的血液,正在一点点融化。

最终,母牛的诅咒变成了现实。

怪物化成了女子胸前的宝石,而那九头神牛则化成了天上的星星。

所以人们常常用母牛来表示一些美好的事情。

拉丹酋长家门前的院子很宽敞,足够容纳村里所有的人。男人们三五成群,徘徊在院子的边缘。女人们则忙着掰自家的玉米,玉米在她们手中一过,就变成了一段一段的,像是经过测量一样,匀称、整齐,大小也刚好便于食用,这些玉米段经她们那么轻轻一推,就轻松地落到了身边的筐子里。

他们每天的生活就是这么简单。他们没有把一天分成24

正传
九头母牛,创造无限可能

小时来使用的观念,他们的生活永远是这么舒缓惬意,不用受到城市快节奏的鞭挞,也用不着跟时间赛跑,所以他们不用争分夺秒地催促自己,他们的一切都是这么自然和谐。

现在,他们的脑子里只有"牛喝水的时间"这个模糊而又明确的时间,因为它意味着大家又能聚集在一起。非洲人的想法就是这么简单淳朴,还透着一丝原始的气息,只要收到通知,约好了时间,就会静静地等待,除了等待见面之外什么都不想。

在这里,时间不是用钟表来衡量,而是靠太阳的方位来确定;不是在红绿灯中紧张地闯过,而是被圆缺的月亮一点儿一点儿地啃食。他们的生活与自然规律相符,简单和谐。这就是他们的思维方式,也是他们的生活方式。

而我是从来不养牛的,所以只能用手表来判断时间,判断他们思维中的时间、他们的自然时间和牛羊群的生活时间。

"先生,今天好准时啊!快来吧。"

温北基热情地欢迎我的到来。他坐在一个阴凉的地方,摆着一副痞子样,一道道树影懒洋洋地躺在他的脸上。

温北基是个不错的男人,唯一的缺点是酗酒。他是一个豪放的汉子,拥有一副高大威猛的身躯,但是一到妻子恩塔图面前,他就变得像熊面前的兔子一样温驯、渺小。

恩塔图总是会拖着她那肥硕的身体向温北基示威,只要他一喝醉酒,就会被她痛打一顿。但这个嗜好就像毒品一样,已经渗进了温北基的血液里。他无法抵挡酒散发出的魅力,所以他怎么戒也戒不掉。

"你别以为今天有先生在场,我就会放过你!如果再喝醉,我绝对不会放过你的!"

面对妻子的警告,温北基只能在一旁小声地嘟囔。

他们夫妻俩总是这样,一刻都不能消停。

"为什么?哎哟!还不是因为山羊,我这个老婆啊,就因为我在娶她的时候,送给她的不是母牛而是山羊,结婚以后,就让我一刻都不得安宁,连现在都不让我清静。"

正传
九头母牛，创造无限可能

我还是第一次听到温北基这么大声地说话。

"你以为那时候弄头牛就那么容易吗？就算是有那个能力，顶多也就是送一头。三头母牛的聘礼已经是到目前为止我听说过的最高纪录了，而且收到这种聘礼的人也只有两个，也都是村子里最了不起的女人。早知道她只会对我大喊大叫的话，别说是母牛了，连那只山羊我都觉得可惜。"说完，温北基瞟了妻子一眼，猥琐地向她射出藐视的电波。

"你说什么？你！给我再说一遍！"

恩塔图大声嚷嚷着，一副盛气凌人的样子。温北基被吓得蜷缩着身体，哆哆嗦嗦地朝妻子挥了挥手，发出求饶的信号，求她不要再嚷嚷了。

"先生，您知道母牛在土古子有多重要吗？"恩塔图喷出一团团怒火，向我诉苦。

"男人向心仪的女子求婚的时候，会把母牛拴在新娘家的门口。意思是说'我要带走您的女儿，这头牛就算是聘礼'。新娘的家人便会根据母牛的体态和数量，决定要不要把女儿嫁给他。我们把这种母牛叫做'劳保拉（lobola）'。"

在非洲，劳保拉代表着男人的权势和财富，也体现着女人的价值，尤其在求婚的时候。越是受人们欢迎的女子，向她求婚的人就越多，收到的母牛自然也就会越多。

母牛是很难买到的。在这么难买的情况下，你还能克服重重困难，买到母牛的话，就能够彰显自己的诚意，表示你能够认真履行婚姻的义务。如果男人实在没有钱娶女人，就要到女人家里去当奴仆，直到凑够买牛的钱为止。

恩塔图的苦水似乎永远也倒不完。

"可是您知道吗？先生，在那么重要的日子里，他居然还喝醉酒，牵着一只山羊来我家跟我求婚。您能想象得到吗？他居然敢牵着一只不起眼的山羊来向我求婚。但我又有什么办法呢？最后还是同意嫁给他。我的人生，真是悲惨啊！哎……"

说到这里，卡在喉咙里的辛酸挡住了恩塔图的苦水。这确实是一件让人伤心的事，但是一切已经无法改变了。光是

正传
九头母牛，创造无限可能

看和听，母牛就足以挑逗起村子里所有女人的敏感神经了，因为它是新娘等级的象征。

"不是说他家女儿能收到两头母牛的吗？怎么只收到了一头？也许他家的女儿没有人们说的那么好吧！"

"天啊！知道吗？他家女儿收到的母牛总是一副病怏怏的样子，才三个月就死了。你说，收到那种母牛的女人能好到哪儿去？"

如果你生活在这里，也会慢慢地熟悉劳保拉这个词语，直到像他们一样敏感。这个词已经渗进了村子的每一寸土地，它会出现在任何地方，小河边，正在吵架的女人嘴边……

"连一头母牛都没有收到的家伙，你还敢顶嘴？"

结婚这么重要的日子，他居然醉醺醺地牵来了一只羊，也难怪恩塔图会生温北基的气。作为一个女人，看到青春一缕缕从指尖流失，恩塔图怎能不心疼？花样的年华就这样让一只羊肆意践踏，直到干枯死去。我想，那时候的恩塔图一定被舆论压得抬不起头吧！

The Power of Trust
充分信任的伟大力量

相传收到一头牛的女子是得到了爱神的眷顾，让她来完成自己对爱情的梦想。收到三头牛的女子是得到了圣洁女神的眷顾，希望她能用圣洁的灵魂洗除心灵的污浊，然后去照亮人们的心灵。

而那些收到了濒临死亡的母牛的人，则是受到了宙斯的诅咒。所以全家人都要虔诚地祈祷，希望灾难能随着牛的死去而消失。

夫妻之间的事情本来就很难说清楚，这里也不例外。而且单纯和淳朴让它们的表现形式变得比在城市中更直白，更简单，简单到用动物来衡量一个女人的价值。

时间渐渐平息了恩塔图和温北基的争吵，而我一直在旁边看着怒火一点儿一点儿被时间抚平。耳边嘈杂的声音在慢慢膨胀，人们很自然地纷纷聚集在了一起。这时，拉丹酋长和长老们也出来了。人们开始变得紧张，向后缓缓挪动了几步，好像都在好奇拉丹酋长究竟会用什么话开头。

"呃哼，希望神灵庇佑我们。"拉丹酋长的第一句话颇为幽深，意象万千，就像在念咒语一样。虽然不是第一次听

正传
九头母牛,创造无限可能

到,但我还是觉得有点儿令人毛骨悚然。

"今天召集大家到这里,是因为有一件很重要的事情要宣布。明天,我们的英雄库塔沙就会结束他在异国的学习,回到家乡了。大家都知道,他将成为我们的下一任酋长。也正是为了能够更好地领导我们这个村子,他才离开这里去外面的世界学习的。现在,他即将学成归来。他已经具备了领导我们村子的能力,会在这片土地上施展他的才华。刚才,我和村里的长老们已经商量过了,决定他一回来,就举行酋长接任仪式。"

在场的人们都不约而同地发出了惊叹声,你一言我一语地展开了议论,言论在空中尽情地扭动身躯。

下届酋长?根据村子里的传统,酋长的位置一直都是沿用世袭制,而且也要等到现任酋长死了之后,下一任酋长才能接位。而现在拉丹酋长却宣布,等库塔沙回来之后,就让他马上接任酋长。这不得不让村民们感到疑惑和惊讶。

"库塔沙现在应该变了很多吧?他走的时候还很小。那时候他就已经很聪明了,而且还很勇敢,相信他一定能成为一个好酋长。"

"可是会不会早了点儿呢？以前有过这种情况吗？有谁听说过隔壁村子里发生过类似的事情吗？"

"就算现在能够上任，那也要履行最基本的程序才行，一定要先结婚吧？"

人们的质疑和议论让拉丹酋长担心事情可能不会那么顺利。他知道大家的担忧，于是接着说："是啊，根据传统的规矩，库塔沙是不能马上成为酋长的。过去我们一直沿袭世袭制，一般要在上一任酋长去世之后，才能举行下届酋长的接任仪式。可是经过我和长老们的反复商议，觉得有必要开这个先例。等到库塔沙一回来，我就会马上为他操办婚礼。无论是谁，只要是库塔沙牵着母牛去求婚的人，就是下一届酋长的夫人。到那个时候，我会马上让出酋长的位置，但我会尽量帮助库塔沙的。库塔沙结婚的日子就是村子里的大日子，我们要为他准备一个隆重的结婚庆典，准备很多的美酒佳肴。我在这里真心地希望大家都能认真为婚礼准备庆贺仪式。"

正传
九头母牛，创造无限可能

本以为拉丹酋长的这番话能压住人们心中的躁动，给大家吃一颗定心丸。没想到的是，下面的嘈杂声越来越大了，就像是成千上万只苍蝇在开会一样。

"真的吗？库塔沙要结婚了？"

"这一天总算来了啊！"

"谁会是新娘呢？"

"会带几头母牛呢？"

"这次要好好赌一把了。"

"可是酋长为什么要退位呢？"

种种疑问盘旋在人们的头顶上，控制着他们的思想。所有的疑问现在都是一个谜，只有等到库塔沙回来之后，才会有答案。

The Power of Trust　充分信任的伟大力量

老狮子与黑曼巴蛇

太阳与大山吻别后，收起了它最后一抹余晖。夜景正在一幕幕上演，天空中的星星点亮了黑暗，也点亮了拉丹酋长的房间。

他的房间里挂着一张熊皮，样子很奇怪，透出一种捕食者的贪婪。

虽然现在的拉丹酋长已经是满头白发了，但他年轻的时候，是村子里最勇猛的战士，可以空手抓住野猪。有一次，他还赤手空拳打死过一头狮子。岁月不会抹去过去的辉煌，只会给它蒙上神秘的面纱。现在村子里都还流传着他的勇猛事迹。当时，就是因为他的仁德和出色的领导能力，才被大

正传
九头母牛，创造无限可能

家推选为酋长的。在他刚刚上任的那几天里，村子里的人整夜都在庆贺。他也没有让村民们失望过，他担任酋长期间，土古子从来没有缺过粮断过水。

"请进，善敌拉米①，值得信任的朋友！想必您已经收到了我送去的通知。因为有些特别的话想跟您说，所以才把您单独叫过来，千万别见怪。"

拉丹酋长穿着一身传统的库卡衣，一边笑着迎接我一边客气地说。我看得出他笑容里面的忧虑。"善敌拉米"，这个词的分量只有听得懂土古子语的人才能明白。在他们的语言里，它是对朋友的敬称，而且不是一般的朋友，指的是能够与自己共患难、陪伴自己一生、值得信任的朋友。

"相信您已经看过通知了，这确实是村子里的大事。明天库塔沙就回来了，我一直认为您是一个很有见解的人，所以才想和您一起商量一下。我知道您一直都在为村子里的事情尽心尽力，我也一直都非常感激您。但以后就不是我和您经常在一起了，而是库塔沙，我希望您能继续留在村子里，

---

① 好朋友。

The Power of Trust
充分信任的伟大力量

希望您能与库塔沙好好合作。"

说实话，拉丹酋长的话让我有些糊涂，我没有完全听懂他的意思。虽然我在村子里已经生活了很长时间，和这里的人们建立了感情，但我终究是要走的，而且接替我的医生也马上就要来了。拉丹酋长的话，让我多少有些难以接受。感觉有一种不安的情绪在冲击着我的身体，没有缘由。我能做的也就是尽一个医生的职责，治病救人罢了。但我从拉丹酋长的话中隐约感觉到，似乎库塔沙一回来，眼前的一切就不会像现在这样了。

为了验证我的感觉，我接着问："可能有些唐突，不过还是想问您一件事情。为什么这么快就决定退位呢？"

这时，我从拉丹酋长眼中看出了一种大义凛然的风度。他低着头，好像在沉思，伸出手默默地抚摸着用鹿皮做成的盾。岁月并没有让他身上的勇猛消减半分，这种气质在经过时间的沉淀后，反而变得更加浓郁了。

"你看到这个盾牌了吗？是用鹿皮做的，纯正的鹿皮，现在已经很难看到这么好的鹿皮了。我年轻的时候，一直靠

正传
九头母牛，创造无限可能

狩猎为生。那时候我经常能抓到鹿，但现在不行了，因为国家出台了《野生动物保护法》。世界在变化，我们不能一成不变。可能你觉得我的决定很突然，但其实在我把库塔沙送出国之前，就已经做好准备了。这个位置迟早是他的，既然现在他具备了这样的能力，那就早点儿让他给我们的村落注入一点儿新鲜的血液吧！"

要改变非洲的传统和文化不是一朝一夕的事情，所以，外界的信息对非洲来说非常重要。拉丹酋长一直都在守护着他们的传统，曾有过用传统与世界对抗的想法。但是兵法云，知己知彼，方能百战百胜。只有了解世界，才能跟上世界的脚步，才能改变世界。所以为了了解外界的信息，拉丹酋长决定把库塔沙送到国外，和长老们一起为土古子的明天做着准备。但这并不是说，他们对外来的东西就全盘接受。既不能闭关自守，也不能无条件地敞开大门，这才是守护村子和平的方法。

我能理解他们的这种做法。他们就像一个极度渴求有所突破的公司，为了发展，派专员到先进的国家学习，引进先进的技术和思想，然后吸收转化，最后创新。而库塔沙就是这个专员,但这个专员一回来就要成为土古子的新主人,这确实有些让人匪夷所思。他完全可以辅佐拉丹酋长工作,而不是接替他。这样的困惑始终盘旋在我的脑海里。

"其实,不退位也可以,库塔沙回来后,完全可以让他当参谋,协助您工作啊!"

酋长回答说:"你是读书人,肯定知道这个道理,权威只有一个人独享的时候,才能成为有用的东西。让两个主人来管理一个家庭,无论这两个人是什么关系,哪怕是父子,也相当于在一个笼子里面养两头黄牛。现在库塔沙的能力在我之上,倘若让他屈于我的权威之下,他难免会觉得委屈。想要这件事得到圆满的解决,最好的办法就是让库塔沙接任。"

说话时,拉丹酋长眼里滚动着一种难以形容的神情。为了避免被它灼伤,我把目光移到了其他地方。那里挂着一个硕大的面具,长度足以把孩子的一半身体遮起来,上面刻着一些奇怪的图案,像是动物,仔细一看又不是。我敢肯定这就是送信的孩子们戴过的面具。这些面具很神圣,只有在举行仪式的时候,部落的大人们才会戴上它。我盯着面具出神,它好像有魔力似的,让我产生了进入另一个空间的幻觉。

沉默在空气中逗留了一会儿。拉丹酋长接着说:"库塔沙小的时候,曾经在准备狩猎的仪式上戴过这个面具。在所有的人中,他的身材最小,但那天他却取得了最好的成绩。所以我一直相信,不论做什么,库塔沙肯定都能做到最好。"

拉丹酋长用一种坚定的眼神看着我,他对库塔沙的信任溢满了整个眼眶。他接着又说:"我就把库塔沙拜托给你了,这不是因为我不相信他的能力,而是因为我太信任他了。朋友,你相信我多少,就请你也相信他多少吧!要知道,在互相信任的人之间,会产生一种神秘的力量,让彼此相互扶持。"

拉丹酋长拿起面具,迅速地把它往脸上移动,假装戴上面具,又马上摘了下来,慈祥地笑着说:"记住,善敌拉米,宇宙里有我们需要的一切,我们只要沿着希望的方向前

The Power of Trust
充分信任的伟大力量

进，寻找想要的东西就可以了。不要怀疑，只要我们的愿望恳切，祈祷虔诚，宇宙万物就会为我们而动。"

希望，让宇宙万物为我们而动。多么慷慨激昂的言辞，连我的精神都受到了震撼，得到了极大的鼓舞。现在，我终于明白拉丹酋长对库塔沙的信任了，那是一种无法动摇的支持，是一种斗志昂扬的希望。

"我知道，你在这里待不了多久了，但我还是希望你能在剩下的这段日子里，全力支持库塔沙，直到离开。没有人像你这样细心观察过村子里的每一个角落，你是最关注这个村子的人，你的心可能会被大家感化，但绝对不会被同化，所以我希望你能来见证土古子村的变化。我会像塞伦盖蒂草原的老狮子一样，高傲地消失，而库塔沙则会像地球上跑得最快的黑曼巴蛇[①]一样，全力以赴地奔跑。我们要让他自由地、随心所欲地奔跑，所以我用自己的退出来成全他。希望你能关注库塔沙，关注他的一举一动，他的发展和停滞。"

[①] 非洲最可怕的毒蛇，栖息于开阔的灌木丛及草原等较干燥地带。

正传
九头母牛，创造无限可能

拉丹酋长是一个具有原始领导力的人，他的每一句话都有一种让人不敢忤逆的威严。

拉丹酋长的请求是如此恳切，让人不忍拒绝。突然，好奇将一个奇怪的想法塞进了我的脑袋："库塔沙的心里到底装着什么？难道他真的能够守住村庄吗？"

The Power of Trust 充分信任的伟大力量

大象的鼻子

"先生,快来啊!快出来看啊!他来了!"

门外传来澈宝的催促声。我走出门,迎着刺眼的阳光,眯着眼睛,向他手指的方向看去。

村子里所有的寂静在顷刻之间消散,被鼎沸之声装满。所有的人都涌向村口,一眼望去,黑压压的一片。

是他回来了,库塔沙终于回来了。他信步从村口走进来,用拳头和每个人对撞,然后哐哐地敲打着自己胸膛,充满野性、力量和热情。这是非洲人一种特殊的欢迎仪式。

这时,有几只手从人群中挤了出来,满带热情和激动,

正传
九头母牛，创造无限可能

伸向他。

这个唯一被送到国外"留学"的男子，脸部的轮廓清晰可见，身上强健的肌肉彰显着他的健壮和英武。看得出，国外的生活并没有让他失去淳朴的性情，憨厚依然在他皮肤的每一个毛孔里跳跃。

他与我最亲近的朋友、总是微笑着的澈宝亲切地拥抱，这种亲切自然地从臂膀中流泻出来，丝毫没有做作的感觉，让两个人越拥越紧，不给隔阂任何钻入的机会。他与素来怕老婆的酒鬼温北基约好了一起喝酒，并向温北基的妻子保证一定不让他喝醉。他用手一一抚摸孩子们的头，传输着爱意和温柔。

他的微笑像阳光一样洒满村子，他用身上神秘的力量驱逐着阴暗，让曾经阴暗的地方充满阳光。这种神秘的力量就是真心的力量。村民们也像欢迎自己的儿子、兄弟归来那样，欢迎学成归来的库塔沙，热情而真诚。

正与人们一一打着招呼的库塔沙注意到了我的存在，笑着向我走来。

The Power of Trust 充分信任的伟大力量

"您好！"他很有礼貌地跟我打招呼。

"我听过很多关于您的故事。感谢您这段时间在村子里的工作，感谢您对村民们进行的义务医疗。我知道这一定让您操了不少心，真的非常感谢您。我有很多话想跟您说。"

这个男子身上有一种神圣的力量，他的笑容能让人产生幻觉，他穿着的那件用魅力织成的外衣，能让人放松戒备。不知道为什么，我紧绷着的神经突然松弛了。现在，我相信拉丹酋长说得一点儿都没错。

"这个人将成为这个村落的领导者。"

库塔沙的归来，就像救世主的降临，对这个村子意义重大。整个村庄里洋溢着喜气，村民们都忙得不可开交。变化迅速吞噬了整个村子，原本不善言辞的少女们，常常聚集在一起窃窃私语，有时候还会红着脸不知所措。原本清闲的妇女们也忙得一塌糊涂，积极地为库塔沙准备婚宴上要用的大锅和华丽的装饰品。一贯不爱家长里短的男人们，也一改原来的作风，都在议论，话题只有一个，那就是谁才是库塔沙新娘的最佳人选。

正传
九头母牛，创造无限可能

"当然是长老的女儿娜来蒂了，那可是每个男人朝思暮想都想娶的女人啊！加上他和老酋长的关系，怎么会有比她更合适的人选呢？"

"不是吧？你看牧场主家的怎么样？只要一看潭蒂的笑容，我的心就在绽放。老实说，她可是我们村里最漂亮的姑娘啊！没有一个男人不为她的美貌所倾倒。"

男人们一反常态，叽叽喳喳，就像自己要结婚了似的。全村都在沸腾，只有我一个人在旁边静静地看着这一切，这并不是因为我不关心，而是怕陷入庐山深处，反而看不清事情的全貌了。于是我逃离了热闹，一直待在自己的帐篷诊所里。

一个孩子摔破了膝盖，来到诊所里找我包扎伤口。一场在我意料之外的对话就这样展开了序幕。

"沙包挖那！"

孩子并不是一个人来的，跟他一起来的还有那个英雄库塔沙。一进来，他就很有礼貌地跟我打招呼，他的脸上洋溢着和那天一样灿烂的笑容，照亮了我小小的帐篷。

The Power of Trust 充分信任的伟大力量

"沙包挖那!"

我放下器具,正准备起身,还没等我反应过来,那个正在接受治疗的孩子就以熟练的动作钻进了库塔沙的怀里。他猛地举起孩子,笑着说:"我来看看这些小家伙有没有乖乖听医生的话,乖乖接受治疗。对于生病的孩子来说,我的屁可是具有神奇疗效的噢,要不要我给你噗——噗——两下?"

天啊,这就是人们心中的英雄吗?他的幽默让人不得不对他另眼相看。他可以天真,可以成熟,可以英勇……他简直就是个百变王子。我一直相信能接触到天真心灵的人,一定有一颗善良的心。

孩子听到库塔沙的话,捏了捏他的鼻子,然后扑哧一声笑了。孩子搂着他的脖子,搂得是那么紧。库塔沙会在走过的每一个地方留下笑容,在周围人的心里种下快乐,没有人会怀疑这一点。

一包扎完伤口,那个孩子就迫不及待地跑到帐篷外面去踢球了。我和库塔沙在树阴底下一边喝茶一边说话,看到孩子开心玩耍的样子,我的心里有一种淡淡的幸福。我记得那

正传
九头母牛，创造无限可能

天我泡的是非洲最名贵的天凤茶①。

"先生，给您看样东西怎样？"

说着，库塔沙将裤腿卷了起来。我看到一条很长的伤口横在他的小腿上，发着陈旧的光。

"小时候，我很不懂事，这条伤疤就是那时跟着父亲一起去狩猎时留下的。记得有一段时间，伤口还被感染了，非常疼。当时破伤风差一点儿就夺去了我的命，后来巫师给我用了很多药，伤口才愈合，但还是留下了这道伤疤。"回忆的光芒在库塔沙眼中闪动，我能想象得出他口中巫师的模样。听起来，他小时候的经历应该也很坎坷，他似乎是在感叹当时的医疗水平。

"给刚出生的孩子打耳洞是我们部落的习俗，为了让耳洞慢慢变大，在孩子长大后，还要戴上特别大的耳环。几百年了，村民们一直都延续着这个传统。所以刚出生的孩子，有很多都得了破伤风。但听说，这种情况在您来了以后就减

---

① Rooibos Tea，南非的豆荚类植物，针状的叶子成亮绿色，在加工过程中会变成红色。

The Power of Trust　充分信任的伟大力量

少了，真是奇迹！我知道这都是托了您的福。我希望人们不要再有疼痛，都能像正在玩耍的那些孩子一样健康快乐。"

时间悄悄地从话语中飞过，我们谈话的内容在不知不觉中积得越来越厚。我从库塔沙的言语中听出他的忧虑，土古子村在医疗设施和学校建设方面还很欠缺，它们也是这个村子的顽疾，让土古子村步履维艰。我有些担心地问："你这么年轻，就要挑起整个村子，难道你不觉得负担很重吗？"

"俗话说得好，大象从来不会觉得自己的鼻子重。为什么呢？因为那是它生命的一部分。如果一个人把身上的担子当成生命的一部分，自然就不会觉得重了。管理这个村子，是一件很重要的事情。连上天都在帮我，我相信只要我努力，沿着希望的方向前进，一切都会好起来的。"

此时库塔沙的眼里闪着坚定的光芒，就像远处巍峨的山川一样坚定。我知道这个年轻人会用生命去换取土古子村村民的幸福，我想这可能也就是拉丹酋长那么信任他的原因。

"你一回来，大家都高兴得不知所措了。整个村子都洋溢着活力和生机，连母牛都扭动着憨厚的身体跳着舞欢迎你

正传
九头母牛，创造无限可能

呢，姑娘们的脸也都变成了秋天的苹果，红润、羞涩。今天，能够听你说这番话，我感到很欣慰。可是在接任之前，你要先结婚。准备好求婚了吗？大家对这件事都很关心啊，甚至有的人还下了赌注呢。"

害羞的库塔沙，用手挠了挠头，脸上蒙上了一层憨憨的笑容。

"人们又开始这样了！呵呵，我还真想给赌赢的人颁奖呢！但按照我们的习俗，这件事情我一个人说了还不算，还要尊重新娘的想法。哈哈哈……"

一直都是看客的我，也慢慢被拉进了热闹和议论里，静谧之心被好奇填充，满脑子都在想，他究竟会向谁求婚呢？村里的少女一个个从脑海里走过，却没有留下任何痕迹，只是觉得有些混乱，有些晕眩。或许库塔沙也深有同感，或者他早已在心里定好了人选。

我的目光停留在远方的天空，千里之外的云彩好像也沾上了村子的喜气，泛着绯红的颜色，成群结队地飘着。我真的希望，它永远不要消散。

The Power of Trust 充分信任的伟大力量

奇妙的求婚之旅

地球自转了七圈，人间的日月交替了七次。等待让时间变得漫长，库塔沙求婚的日子含羞地露出了倩影。

一大清早，玉米粥和烤肉的味道就迎着晨光飘满了整个村子，村子里到处都弥漫着热闹喜庆的气氛。

这种气氛从每个人传遍了每个家庭，又从每个家庭传遍了整个村庄。

女人们都换上了传统服饰，准备好了马掸子，每件服饰上都画着相同的图案。男人们更是积极，一大早就开始踏着拍子练习庆典的舞蹈，连扬起的灰尘都沾满了喜气。几个顽皮的孩子在一旁嬉闹、模仿，动作歪七扭八，什么样的

正传
九头母牛，创造无限可能

都有。

时间在空中凝结，变得严肃，所有的准备都已就绪。拉丹酋长和长老们出现在院前。刚才所有的热闹都躲了起来，村民们一个个用力甩去身上的激情，安静地立在院子里。一双双渴望的眼睛整齐地浮在空中，期盼着求婚时刻的到来。这时，长老的代表开口说话了。

"今天，是我们村子举行庆典的日子，为的是完成下届酋长库塔沙的求婚仪式。根据习俗，新郎要把牛牵到新娘家的门口拴好，才算是求婚。但是，这次求婚与以往有所不同，可以说是史无前例的。我们都是完全按照下一任酋长的意思办的。库塔沙！现在就请牵着你准备好的母牛出来吧！"

长老激动地说着，他的每一句话都在挑逗着大家的惊讶，场下"哇"的惊叹声此起彼伏。

库塔沙避开大家惊讶的目光，牵着母牛从后面的牛棚里走出来。一头代表俊秀，两头代表了不起，三头就是无法形容的伟大了。

The Power of Trust 充分信任的伟大力量

"一头，两头，三头……"

充满期待的人们，一头一头地数着母牛。声音渐渐沉默在了母牛的身影里，人们的眼睛却被刺激得越睁越大了。

"啊？啊！"

真的是母牛，而且是健壮的母牛。顺滑的鬃毛可以让苍蝇失足滑落，纯净的眸子没有一丝杂色。一头头母牛的身影在人们眼前闪过，让所有的人眼花缭乱，失去了数数的能力，这样的母牛到底有多少头呢？

"啊？四头？不是，五头？六头？"

"难道是七头？我的天啊八头？天，天啊，是九头！"

顷刻之间，院子里就出现了九头硕壮的母牛。人们瞠目结舌的表情就是最好的证明，证明了这个场面的宏大。

"天啊！三头就已经是我们这里的最高纪录了，现在，现在竟有九头！"

正传
九头母牛，创造无限可能

人们简直不敢相信自己的眼睛。

库塔沙镇静地走到场上，向人们点头致敬。

"一共是九头，我早就预料到大家会惊讶的。不过，你们想想，能用九头牛去求婚，说明新娘一定是一个极好的姑娘。"

难道真的是应了两百年前的古老传说？库塔沙会找到那个女神吗？非洲真会有女神吗？知道那个神话的人都在暗自揣测着。倘若真找到了女神，那不仅是库塔沙的福气，也是全村人的福气。

库塔沙话音刚落，场下便飞出了口哨声。今天可是一个大日子，村子里将会出现一个值得用九头牛去求婚的女人。那么多打赌的人，没有一个能猜到聘礼竟然用了九头牛，可想而知这件事情的罕见程度。

出发前，库塔沙再次整理了一下身上的礼服，大喊："好！现在，让我们一起出发吧！"

The Power of Trust 充分信任的伟大力量

库塔沙的脸上堆满了喜气。他牵着牛走在前面,后面跟着喧闹的庆典队伍。男人们迈着传统的舞步,走三步,转一步,拍半拍,然后嘴里发出"呼噜噜"的喝彩声。

受到喝彩声的鼓舞,马林巴琴①和鼓声也不甘寂寞,加入进来,整个队伍被喜气层层包裹着。女人们跟在男人的后面,她们有的拿着马掸子,有的抱着孩子,一会儿低头,一会儿抬头,抬头的时候,嘴里发出"嗷嗷"的叫声。

模拟动物的声音,是土古子村最美好的祝福方式。整个庆典都充满了祖鲁族传统的气息。

这是一道别样的风景,彰显着奇特的异族风情。队伍离酋长的家越来越远了。走在队伍前面的九头母牛,显得很悠闲,硕大的屁股不停地上下晃动。

队伍洋洋洒洒地前进,悄悄地停在了老酋长家的门前。

"就是嘛!早猜到会是老酋长的女儿娜来蒂了。她看上

---

① 一种木琴,非洲传统的乐器。

正传
九头母牛，创造无限可能

去那么圣洁，早就知道她不是一般的女人了。而且，他们两家的关系一直都很好！如果真是娜来蒂的话，那真要用九头牛来换了！她冰雪聪明，又有一颗善良的心。她与库塔沙简直是绝配。"

把赌注压在娜来蒂身上的汉子们，个个表现出确定无疑的样子，敲着鼓的手也充满了力量。当库塔沙向老酋长走去时，所有的人都屏住了呼吸。但是人们的想象并没有得到验证，他只是在老酋长家门前留下了一个身影，轻轻地点了点头，拉着母牛，继续出发了。

"怎么，不是这家吗？那么到底是去哪里啊？"

"不知道！可能转一圈后又回来也说不定！"

"不会，我可不那么想，新娘一定是牧场主的女儿潭蒂。女人嘛，还是相貌比较重要。俗话说，英雄难过美人关嘛！她就轻轻往那一站，身上就能彰显出一种独特的气质，谁娶回去都会把她当成女神的。"

现在，又轮到把赌注压在潭蒂身上的男人们得意了。如果真的是牧场主的女儿，也应该送这么多的母牛，毕竟他家是村子里的首富！况且潭蒂的美貌无人能及，和库塔沙再般配不过了。

果然，库塔沙朝着潭蒂家的方向前进了。

牧场的房子很大很豪华，显示着主人的富贵。队伍们陆续到了大房子跟前。鼓声也仿佛在推波助澜，用自己最大的声音吼着。听到鼓声，潭蒂的心会不会按捺不住呢？大家激动的眼神都黏在了库塔沙身上，谁知他竟一副若无其事的样子，拍了拍母牛的屁股，像是在和大房子告别，毫无留恋地走了过去。

人们越来越紧张，情况和预想的大不相同。库塔沙究竟要去哪儿，没有人知道，也没有人敢问。他们只能在下面窃窃私语。

"怎么回事啊？这到底是怎么了？"

"就是啊！怎么回事？难道库塔沙会心疼那九头牛吗？那可是神圣的象征啊！"

正传
九头母牛，创造无限可能

"不是吧！库塔沙会不会在耍我们啊？"

"难道他在什么地方藏了一个白人女子？"

疑惑和种种揣测充斥着每个人的心，大家纷纷向库塔沙投去困惑的目光。今天的主人公究竟会是谁呢？这个问题成了一个谜，为了揭开它神秘的面纱，人们的情绪高涨了起来。鼓声、马林巴琴声、独特的喝彩声……越来越大，越来越高。

太阳似乎失去了耐心，不再饱含激情，懒洋洋地拖着身躯慢慢地向山下挪动，脚步轻得让人察觉不到。穿过了一条刚刚漫过脚踝的小溪，队伍绕过村子，从村子的边缘冒了出来。回头看时，酋长的家已经变成了一个小点儿，正在一点点远离视线。库塔沙牵着九头牛爬上了陡峭的山冈。

他的这一举动，把怀疑种在了村民的心头。难道库塔沙喜欢上了邻村的少女？不管对象是谁，在太阳落山之前，一定要完成求婚。越接近目标，人们就越兴奋。没有一个人离队，他们都踩着坚定的信念，跟在库塔沙后面。这个价值九头牛的女子身上似乎有一种神奇的魔力，吸

The Power of Trust 充分信任的伟大力量

引着他们不停地寻找。不知道走了多久，库塔沙停下了脚步，转过身，说："各位，现在我要求婚了，感谢大家为我送来这么真诚的祝福。"

库塔沙的话来得这么突然，突兀地悬在悬崖上，每个人都流露出一副莫名其妙的表情，议论声从大家嘴里跳出。

"求婚？在这个山冈上？向谁？"

库塔沙用微笑回应着人们投来的质问。他把母牛的缰绳拴在旁边的柱子上。柱子后面是一个粪池，柱子前面是用泥土和茅草盖成的破旧小屋。看到这个情景，原本嗡嗡的议论声变成了骚乱。这是温塔比生的家，她家可是全村出了名的穷户，穷得只剩下皮包骨头了！不会是她吧？难道这就是人们千辛万苦一路追随，最后找到的圣洁女神吗？这样的女子哪里像女神？库塔沙啊库塔沙，这可不是青蛙变王子的童话啊！这时，人们又开始议论起来。

"什么啊，库塔沙在外面学习，是不是学傻了？"

"她父亲既没有能力，又没有钱，而且还有那么多

正传
九头母牛，创造无限可能

孩子。"

"温塔比生就是这样。那么瘦，她能干活吗？真要向温塔比生求婚吗？"

"温塔比生是不是请了巫师，给库塔沙施了邪恶的魔法啊？"

库塔沙对大家的议论充耳不闻，开始求婚："大人，我来了。我拉着这些牛，向新娘求婚来了。请接受我对您女儿的求婚吧。"

破旧的小屋里，走出了一群人。温塔比生扶着年迈的父亲，一脸疑惑地看着库塔沙。她身后的弟弟妹妹们可能还不知道发生了什么事情，挂着一脸天真的呆气，瞪着大眼睛，像看外星人一样看着库塔沙，还有和他身后的一群人。

温塔比生有些不知所措，她从来没有遇到过这种情况。

"温塔比生·梓玥里缇尼，你愿意接受我的求婚吗？"

这样的求婚是史无前例的。

The Power of Trust 充分信任的伟大力量

所有的一切，都出乎人们的意料，库塔沙求婚的话就像一盆凉水，在人们毫无准备的情况下，泼进了人们的心中，无情地浇灭了期盼的火焰。温塔比生家被浓浓的沉默笼罩着。大家都不敢相信眼前的一切，不知道要用一种什么样的心态来接受。温塔比生的眼睛里含满了泪珠，是幸福的泪珠。

老人沉默地点头，举起一只手，接受了库塔沙的求婚。

很显然，求婚成功了。库塔沙紧紧握住温塔比生的手，他们的关系在这一瞬间变得明朗，无可置疑。

下注的人全都输了，库塔沙的决定让所有的人都惊讶不已。但是惊讶却夺不走村民心中的祝福，一个掌声脱离了群体，溜到了空中，在它的带领下，掌声一个接着一个，顿时，响彻整片大地。就在这片土地上，一个值得用九头牛来换的女人出现了，她将成为下一任酋长的夫人。

土古子村的人们很固执，乐此不疲地议论着让人摸不着头绪的库塔沙的求婚。直到第二天天亮，他们才各自回家。

正传
九头母牛，创造无限可能

叮铃铃……

电话响了，正沉浸在库塔沙故事中的俊泰被吓了一跳。原来是表哥成贤。

"啊，是。大哥，已经安全到家了吗？有什么事情？"俊泰对成贤的问话显然有些敷衍。

"俊泰啊，你刚才说那些海鲜是在哪里买的？"

成贤怎么会这么问？俊泰有些慌张，难道出了什么问题？于是问："哦，大哥，出什么问题了？"

"啊！是这样，我担心海鲜放在车里会坏掉，所以就让司机先送回家了。你大嫂打开一看，原来里面的海鲜都已经坏掉了。她说你可能不太会看海鲜，所以买错了，让你赶紧去退货呢！"

"什么？坏的？"

好像世界上所有的惊讶都聚到了俊泰身上，让他有些透

The Power of Trust 充分信任的伟大力量

不过气来,脑海里闪过卖海鲜那个人脸上洋溢着的诡异的笑容。

"居然连说谎都能那么泰然自若!光天化日之下,竟敢卖坏掉的海鲜!"白天发生的一幕幕在俊泰的脑海中闪过。

那个年轻人,满嘴的花言巧语,谄媚的态度,让人同情的笑容……现在想想,真是让人火冒三丈。

"这个坏蛋!怎么可以这样!呵,这真是!太荒唐了!"

俊泰的愤懑随着声音穿过电话线,进入了成贤的心里,成贤有些担心,于是问:"怎么了?哪儿出错了?"

虽然很气恼,但俊泰还是控制住了情绪,将白天在路上发生的一切跟成贤讲了一遍。俊泰话音刚落,电话那边就响起了豪迈的笑声。

"哈哈……原来是你上当了啊!前几天我在新闻上看到一则报道,退货和过期的海鲜,都会被送到垃圾场,然

正传
九头母牛，创造无限可能

后再转手卖掉。你买的就是那样的海鲜。没关系的，就当是花钱买了个教训吧！不必放在心上。"

真是难以想象。俊泰本来以为自己捡了一个大便宜，为此洋洋自得，现在却弄了一鼻子的灰。他觉得自己就像一个滑稽的小丑，被卷进了骗局中，上演了一出可笑的闹剧。

"当时，我还在想，自己怎么会那么走运呢！这是什么世道啊！我怎么就那么倒霉呢？真是喝凉水都塞牙，难道就没有一个人能帮我？"

好不容易被排解掉的郁闷，再一次侵袭了俊泰的心。于是他点燃了一支烟。

成贤的话还在继续，但俊泰却得不到一点儿安慰。

"想走运吗？要不我把好运分你一半？"

俊泰从来不认为运气是可以分的，只是听听罢了，他抱着这种态度，站在成贤的立场上想着，说："听到你这么说我就已经很欣慰了，如果运气真的全跑到我这里来了，那大

The Power of Trust 充分信任的伟大力量

哥怎么办呢？您的运气就是公司的运气，就是真能分给我，我也不要。大哥就别开这种玩笑了。"

"不是，俊泰，我觉得这个问题有点儿……"

电话里传来了成贤的咳嗽声，俊泰知道也许他有什么重要的话要说。

几秒钟的沉默后，电话那边传来了成贤的声音。

"其实，就算我把运气分给你，我的运气也不会减少。难道用一根点燃了的蜡烛去点别的蜡烛，那个蜡烛的火焰就会变弱吗？光只会越分越亮。如果什么都不想失去，不愿意与任何人分享任何东西，又怎么会有回报呢？"

成贤的话有些深奥，俊泰需要思考才能消化。

"你知道这个社会最容易被骗子骗的是什么人吗？"

成贤沉默了一会儿接着说："就是骗子。其实这些话应该当面对你说的，不过今天赶巧了。就像你今天买海鲜的事

正传
九头母牛，创造无限可能

情，责任只在那个销售员吗？好好想想看。我们都知道世界上没有免费的午餐。如果你吃亏了，就会想方设法从别人那里得到补偿。那种想从别人那里得到不正当利益的想法，就会驱使你自己的心去欺骗自己。"

俊泰回想起和那个年轻人磨嘴皮子的情形。那个销售员先喊出了很高的价格，然后又打到一折，在这样的落差里装满了诱惑，深深地吸引着俊泰那颗动摇的心。这种落差也使人们滋生了占小便宜的想法，先用高价来迷惑俊泰，俊泰就会对这个东西深信不疑，然后再打折，这样就牢牢地抓住了俊泰蠢蠢欲动的心。他当时满脑子都在想用很少的钱买到昂贵的东西，其实这两种心态都是正常的。

"俊泰啊！你要知道，就算两个人视力相同，他们眼里看到的世界也会有所不同的。将自己包裹在厚厚的贝壳里，用埋怨的眼光看社会的人，眼里看到的都是社会的黑暗。所有的事情都有两面，有坏的一面就会有好的一面，它会根据你想法的不同而不同。我希望你能用全新的眼光来看社会。"

俊泰觉得他的话有些奇怪，却似曾相识，好像在什么地方听到过。俊泰仔细回想，在记忆里努力寻找，终于想起来了，成贤的这番话好像和拉丹酋长的话有些相像。忽然，他产生了一种错觉，觉得电话那边不再是成贤，而是拉丹酋长。

这种微妙的感觉牵动着俊泰的心，让他隐隐有一种预感，觉得可能有什么事情发生，于是急忙挂掉电话，接着看东基的信。

正传
九头母牛，创造无限可能

重返非洲

库塔沙和温塔比生的婚礼在人们的祝福中顺利举行了。第二年，村里举行了库塔沙的酋长接任仪式。我最终没能参加，只能感叹我与这样壮观的仪式无缘了。

为了让医疗救助行动没有盲点，让世界各地的人都能受到医疗救助，所以规定了我们的工作是五年为一个任期。我在这个村子的任期已经结束了，接到联合国本部的派遣，要到另一个陌生的地方去。

光阴似箭，一转眼我已经在斯里兰卡度过了三年的时光。有时候，非洲的一切会静静地飘进脑海里，就像淡淡的香水一样，清雅、馨香。对我而言，土古子村总是像故乡一样透着一种安全感，是一个值得回去休息的地方。

有一天，我收到了一封很特殊的信。

这是一封来自非洲的国际特快邮件。上面贴着非洲传统的邮票，透出宁静安详的气息。邮票上印着一个戴面具的小孩，天真、神秘。

拉丹酋长归天了。

请献上对拉丹酋长的敬意！

——您最友好的库塔沙

这时斯里兰卡内战告急，政府刚刚宣布了要撤退。在等待派遣的时间里，我可以请假。我觉得这是上天的安排，于是在请假后的第二天，便搭上了飞往非洲的航班。

土古子村的葬礼一般都是十天，为的是给死者家属足够的时间和逝去的人告别，不想让逝去的人带着悲伤离开，这种充满人性化的葬礼就是土古子村的葬礼文化。十天的时间，我想我应该能赶上拉丹酋长的葬礼。虽然心里有了明晰

正传
九头母牛，创造无限可能

的时间表，但还是抹不去心中的焦躁，我想一步就跨到土古子村去。心里越是急切，就越是觉得眼前的路程遥远，被等待折磨得失去了力气。

到那里要坐二十多个小时的飞机，还要坐两天的汽车。如果不顺利，就得步行到土古子村了，那还要花上一天的时间。

一下飞机，我就一刻不停地向土古子村进发。无边无际的草原，吐着让人心旷神怡的绿色。汽车在坑洼不平的道路上颠簸个不停，我的心绪也随之不断起伏。汽车跑了一半的路程，眼前的一切在慢慢地唤醒我的记忆，熟悉的道路映入我的眼帘。天幕上透着纯正的蓝色，让人不忍离去，一朵朵洁白的云彩点缀在上面，仿佛用手就能够到似的。

变换的时间似乎与这里无关，土古子村依旧静静地停在那里。

"三年了，已经三年了啊。"

九头母牛的故事充满了神奇的磁力，将我带回了这里。

The Power of Trust 充分信任的伟大力量

难道这里真的有了女神，否则为什么会在此时将我召回呢？

静谧步步紧逼，让人窒息。复杂的情绪在心里纠缠、争斗，泪水在眼眶里打转，颤动的目光眺望着久违了的、充满希望的村庄。

迈着凄然的脚步，我来到了村口。

我原以为会在这里找到熟悉的感觉，找回记忆里的时光，但是眼前的一切却让我陌生，我发现很多东西都变了。水井、电灯……这些曾经不属于这里的先进文明，一下子全都集聚在了这里。三年间的变化，刺激着我的眼睛，冲击着我的大脑。人们不需要再到很远的地方挑水了，晚上也不用再摸黑活动了。拉丹酋长所说的希望，正在一步步变成现实，我的整个身体都被诧异和感动所缠绕。正当我一声声慨叹的时候，听到有叫喊声从不远处传来："天哪！这是谁啊？难道是我眼睛花了？是李医生回来了吗？"

第一个认出我的人是恩塔图。

"什么，你说是谁？"

正传
九头母牛，创造无限可能

听到叫喊声，大家都竞相跑了出来。

我的眼前出现了一张张朴实而熟悉的面孔。我亲爱的朋友们，亲爱的澈宝，亲爱的孩子们。他们憨厚的笑容，总能触及我心灵深处最柔软的地方。

我的头在左右摆动着，张望着，寻找着那张充满感染力的脸庞。

库塔沙，我急切地想要见到他。

也许是出来得太匆忙了，他光着脚，脸上挂着招牌式的笑容站到了我的面前。

亲切感没有消减，依旧如初。

"先生，我正担心您不能赶过来呢。没想到这么快就到了，真是太感谢您了。"

"我怎么能不来呢？库塔沙酋长的邀请，我是一定要来的。"

The Power of Trust 充分信任的伟大力量

简单的寒暄后，我们用拳头互相敲击着对方的左肩，然后紧紧拥抱在一起，像是多年不见的老朋友，任友谊在怀里发酵，慢慢变醇。

拉丹酋长在灵柩上安详地躺着，就像熟睡的孩子。我看着他紧闭的双眼，知道那曾经闪烁着坚定和勇敢的目光，已经化成了力量和希望。

安心地走吧！我亲爱的酋长，你用信任洒下的希望的种子，正在茁壮成长，改变着这个村庄。我来送你最后一程，希望天国的阳光能让你冰冷的身体重获温暖。

传统的送葬仪式开始了。这似乎是一个比喜庆更值得庆贺的日子，人们的脸上没有一点儿悲伤的神色。他们用古老的方式向逝去的人告别，欢笑、分享丰美的食物。在他们的观念中，人死了会有灵魂。为了让逝去的人安心离开，他们会用所有的笑容来给他饯行。

按照他们的习俗，死者在入葬前一定要接受这种传统的祭拜仪式，这是对他的一种尊重。

正传
九头母牛，创造无限可能

当我看到了非洲古老的习俗后，才发现他们的善良远远超越了我的想象。

这种送葬仪式看似单纯，但是细细一想，你就会发现其中的深奥。人生不过短短几十年，苦难几乎就是它的主题。人死了，除了一堆黄土之外，什么都没有。所以非洲人用幸福来告慰亡灵，让在另一个国度里的人，永远记住这一时刻得到的幸福。这是一场战胜悲哀的斗争，这场斗争的主题就是让苦难离去。

我能感受到人们的喜悦，却无法融入其中，也许是韩国传统的送葬观念束缚了我的情绪。我静静地站在拉丹酋长旁边，一种莫名的悲伤涌上心头，就像是失去了一个相交多年的朋友。过去的一幕幕在脑海中不停地倒转，往日的情景是那么清晰。

第一次见面，第一次敞开心扉，分别时的情景……记忆无限制地膨胀。我无法控制自己的情绪，不知道如何安放自己的情感，一种西出阳关无故人的悲凉感蔓延全身。

我正在一点点地梳理着愁绪，突然玄关门口发生了一阵

The Power of Trust 充分信任的伟大力量

骚乱。

好熟悉的声音，是温北基，他用醉醺醺的手掌推了帐篷。一定是他太悲伤了，所以才会在这样的日子里喝得酩酊大醉。大家都沉浸在欢悦的气氛之中，他却在四处寻找拉丹酋长，一脸茫然，就像不知道酋长已经故去了似的。人们试着靠近他，安慰他，但都无济于事。

温北基内心的悲伤让他变得疯狂，当他的醉意继续酝酿疯狂的时候，角落里传来了一个女人的啜泣声。温北基小心翼翼地向她走近。

女人伸出一双手。那双手上托满了亲切，这是唯一能抚平温北基伤痛的良药。温北基的哭声在渐渐地停息。

接着女人准备了热牛奶和毛毯，温北基就像一个躺在母亲怀里的婴儿，被温暖紧紧地包裹着。为了让他平静下来，女人安慰说："温北基，不要伤心，听我给你讲个故事。很久以前，我的叔叔从悬崖上摔了下来，昏迷不醒。当时大家都以为他活不成了，但叔叔到地府门口走了一趟，居然又奇迹般地活了过来。你知道叔叔醒来之后说了什么吗？"

正传
九头母牛,创造无限可能

温北基看上去平静了很多,只是眼泪还一直在流。

"当死神来临的时候,心情就像回到故乡一样平静。温北基,死亡就是这样,酋长大人只是回到了自己的故乡而已。我们真的没必要太伤心,因为有一天大家还是会见面的!"

温北基看着女人充满慈爱的眼睛。她轻轻地拍着他的肩膀,说服他让他接受拉丹酋长的死。强悍的妻子恩塔图,一直在旁边默默地看着发酒疯的温北基,什么都没说。等他的情绪稳定下来之后,女人把他交给了恩塔图,让她好好照顾他。

"很亲切吧?"

正在我出神地看着这一切的时候,库塔沙走了过来。

"是啊!很有感染力啊!这个女人我好像从来没见过。是谁啊?"

库塔沙睁大眼睛,诧异地看着我。紧接着,一个微笑从

The Power of Trust 充分信任的伟大力量

他的嘴角流了出来，是那么的自然。

"您不记得了吗？她是温塔比生啊！那个接受过您祝福的女人。我们结婚的时候，您可是最支持我们的人。"

惊讶让我瞠目结舌。温塔比生不再是从前那个瘦骨嶙峋的少女了，她端庄、大方、慈爱。我看到她静静地在人群中穿梭，把关爱分给每一个人，与他们分享悲伤和喜悦。人们是那么渴望拉着她的手，渴望得到她慈爱的笑容和温柔的眼神。这时，我的脑海里浮现出了四个字——温塔比生。这个来自凡间的幸福女神。

库塔沙温情地看着温塔比生，继续说："人们都说温塔比生婚前和婚后变化很大。就像破茧而出的蝴蝶，原本的青涩和懵懂都消失了，现在的她美丽大方而善解人意。不过人们只看到了她的表面，我比任何人都了解她。我相信，她能像她的名字一样，做一个幸福的女人，并且将幸福带给那些有需要的人。从选择她的那天起，我就下定决心，要和她一起，将这个村庄建得像古罗马一样。"

正传
九头母牛，创造无限可能

真的，她的变化很大，消瘦的身体变得丰满圆润，澄净的眼眸里溢满了慈爱，那双原本干枯的手，被温暖浸泡得柔软光滑。她不再是那个不起眼的小姑娘了。我仔细打量着眼前的这个女人，感觉她渐渐变得伟大了。我突然很想了解温塔比生，而且这个愿望是那么急切。我想知道，能给人们带来温暖和幸福的女人，究竟是一个怎样的女人。

喧闹的白昼转眼即逝，人们纷纷回到了家里。安静的夜晚，只剩下了我、温塔比生和库塔沙。我们围着桌子坐了下来。

桌子上铺着一块很漂亮的桌布，是用温柔和贤惠织出来的。温塔比生给我们端来了红茶。红茶飘散着浓郁的香味，闻一下我就能辨别出来，这是非洲的天凤茶，我的最爱。我忘了自己有多久没喝过这样的茶了。

茶散发出的热气，从杯口往上冒，就像我和库塔沙阔别重逢的感觉，一直溢到了心口，让我和库塔沙之间更加亲密了。

温塔比生拿来了刚挤的鲜牛奶和白糖，很有礼貌地将它

The Power of Trust 充分信任的伟大力量

们放在我的面前,说:"听说您很喜欢天凤茶,所以今天就特意准备了,这种茶配着牛奶和白糖喝,味道会更好。"

只是这么一两句关切的话,我的心就已经被温暖塞得满满的了。她的这种亲切似乎是与生俱来的,真是令人佩服。她的问候让我充满了感激。

看着感动在我的眼睛里流转,温塔比生只是微微一笑。

"到底是什么力量改变了温塔比生?"

那天晚上,库塔沙和温塔比生给我讲了很多故事,让我的好奇心得到了满足,也让我明白了什么才是真正的了不起。

正传
九头母牛，创造无限可能

信任催生的幸福之花

温塔比生悄无声息地改变着自己，在人们的质疑声中破茧成蝶。

刚开始的时候，村里根本没人相信她。大家想，一个多病的女子，怎么能辅佐酋长大人？万一生病倒下了怎么办？作为酋长夫人，要承受很大的压力，村里人更希望酋长夫人是一个贤内助。显然，那时的温塔比生根本就不符合他们的要求，他们甚至担心她会借着地位装腔作势。

但温塔比生呢？她只是一如既往地生活着，依旧每天去河边洗衣服，安静地倾听别人说话。对于人们的议论，无论是她听到的还是猜到的，她从来都不会让它们停留在记忆里,她只是默默地关心着别人,做着自己该做的一切。

自从她当了酋长夫人以后,村子里穷人家的门口,经常会出现一些鲜牛奶和衣服。没有人知道是谁、在什么时候放在那里的,只是听说温塔比生在天亮之前出过门。

温塔比生是一个善解人意的女人,无论是在河边还是在家里,无论是对大人还是孩子,她都会用心聆听他们的倾诉,分担他们的痛苦,分享他们的快乐。尤其是对库塔沙,每当他对她说起在外面的经历的时候,她总是一动不动地守在他身边,静静地听着。

突然,有一天,温塔比生提出了一个想法,她要在村里挖井。她在地图上画出了需要水井的地方,并向村民进行了详细的讲解。她画的位置,都是能让村民们有效利用水井的位置,也是牛儿喝水最理想的位置。她之所以萌生出这个想法,是因为她在河边的时候,经常听人们说起挖井的事情。

由此可以看出,温塔比生是一个懂得分享的人。我在一旁安静地听着库塔沙的叙述,温塔比生则在安详地串着珠子,每一颗珠子上都滚满了她的爱心。我忍不住问她:

正传
九头母牛，创造无限可能

"也就是说，您一个人默默地准备了这一切？"

温塔比生轻轻地摇了摇头，说："不是的。如果没有一直信任我、支持我的库塔沙，想要完成这件事情，几乎是不可能的。是库塔沙给了我自信。自从他拉着九头牛向我求婚的那天起，我就下定决心，要好好辅佐库塔沙，要为村庄尽自己的一点儿力。因为是他让我了解到，原来世界上还有人相信我，而当时我是那么渺小。就是这份真诚的信任，让我做到了自己以前想都不敢想的事情。"

温塔比生的话，让我想起了拉丹酋长的一句话，他曾经说过："要知道，在互相信任的人之间，会产生一种神秘的力量，让彼此相互扶持。"

难道拉丹酋长是一个预言家？他早就预言好了未来的一切？要不他怎么会让我关注村庄的变化呢？我的思绪飞出了好远，远得不着边际。这时，温塔比生的话把我拉了回来。

"其实，我是个懦弱的女人，遇到事情总是犹豫不决，而且还很小气。当我自己都想放弃自己的时候，我身边突然出现了一股信任的力量，我的自信在这种力量里滋生，一直

The Power of Trust 充分信任的伟大力量

引导我走到了现在。"

我在温塔比生的眼睛里看到了感动。在一旁认真聆听的库塔沙,握住了她的手。

"我给温塔比生的,只是我能给的东西而已。就好比将一盆快要枯萎的花,放在充满阳光的阳台上一样。最后还是温塔比生自己接受了那一切,绽放出自然美丽的花朵。而我现在能做的,只是感谢她。"

每一个字都浸泡在库塔沙对温塔比生深深的爱意里,饱含着浓浓的柔情。难道库塔沙是天神?他一开始就能看到温塔比生隐藏着的光芒?

库塔沙究竟是怎么知道温塔比生就像一块被灰尘笼罩的宝石?难道有什么不为人知的办法?但不论怎么说,我相信库塔沙肯定有自己的理由。

也许我不善于掩饰,也许猜测在我脸上过于嚣张,我的心事被旁人一眼就看穿了。于是,库塔沙开始回忆第一次见到温塔比生的情景——

正传
九头母牛，创造无限可能

那是一个对土古子村很重要的日子。

那一天，村里举行了一年一度的勇士选拔大赛，大赛的主要内容是狩猎，优胜者不仅能得到巨大的奖赏，还会得到所有人的称赞和祝福。

当时，库塔沙还只是一个15岁的少年，因为他的身材看起来比实际年龄矮小，所以被淹没在一群强壮、魁梧的人中间，根本不会有人注意到他。而且他没什么狩猎经验，所以人们都认为他在这方面的潜力还有待开发。

在大人们的眼里，他们并不看好赛场上胆小的库塔沙，还没有参赛，人们就在心里给库塔沙打了低分。

狩猎仪式持续了将近两天，在这期间，任何人都不可以睡觉，睡眠者会被逐出赛场。太阳升起的那一刻，他们就要开始狩猎，一直到太阳下山，他们才能停下自己追赶猎物的脚步。夜幕降临的时候，他们就会举行传统的庆典活动，在庆典上，勇士们一天的收获就会变成美味佳肴，人们在品尝佳肴时也会细细品味各个勇士的勇猛。

The Power of Trust 充分信任的伟大力量

夜空一点儿一点儿凝聚着黑暗的力量，当深夜的凉风吹来时，庆典也渐渐变得冷清，但是勇士们追赶猎物的脚步声却充满力量，因为这是夜间狩猎的时间。这样的比赛会一直持续到太阳再次升起的时候。在大赛中立下最大功劳的人，就是优胜者，将会收获那一年所有的荣誉。

在拉丹酋长年轻的时候，每次狩猎大赛上都是他独占鳌头，每次他都能给大赛献上一只猛兽。并不是所有的人都能抓住猛兽，而他仅凭一个人的力量就抓住了猛兽，这样的勇猛是很难得的，所以在很长一段时间里，村里的人都在传颂他的威武。在人们眼里，拉丹酋长就像天神一样。

一般的人，能抓住几只野猪和山羊就已经很不错了。

但是，对当时的库塔沙而言，想要抓住一只山羊也不是一件容易的事。

库塔沙从小就不喜欢狩猎，但是作为祖鲁族勇士的后裔，他不能向任何人说出心里的恐惧。在他们的观念中，没有什么比胆小更羞耻的事情了。

正传

九头母牛,创造无限可能

要来的终究会来,不会因为某个人的意志而止步。狩猎大会还是如期到来了,恐惧在现实面前只能让步,和大家一样,库塔沙踏上了征途。

不知道什么时候,他开始跟不上队伍的脚步了,渐渐脱离了队伍,谁都不知道他在什么地方。偌大的树林里,只剩下了库塔沙一个人,他茫然地徘徊着,孤独和恐惧几乎淹没了他。

密密麻麻的树枝像一张大网一样盖住了整个森林,挡住了所有的光亮,一阵阵阴森幽暗的气息就像倾盆大雨一样用力击打着库塔沙怯弱的身体。忽然,一阵扑腾扑腾的声音从他头顶上直刺下来,他被吓坏了,赶忙将蜷缩的身体藏到树底下。恐惧好像是在戏弄他一样,忽强忽弱,他鼓起所有的勇气,颤颤地抬起头,才发现原来只是一只乌鸦刚从这棵树飞到了那棵树上。它的叫声充满了鄙视和嘲笑,仿佛是在嘲笑库塔沙的胆小。

这时,他突然感到好像有什么在动,似乎是一只鹿。于是,他本能地射出一箭,手中的箭歪歪斜斜地在空中飞行了

The Power of Trust 充分信任的伟大力量

一小段之后，落在了树丛里。虽然这次没有射中，但他想至少也应该吓到它了，谁知那家伙不仅没有受到惊吓，还悠闲地看了库塔沙一眼，眼神中充满了不屑。就在他准备放第二箭的时候，那只鹿才想起来要逃跑。

库塔沙失望地看着手中的箭，突然一种湿滑的感觉从脚踝直冒上来。他下意识地低头去看，才发现一条巨蛇蛮横地缠着他的脚踝，发出贪婪的目光。天啊，这个柔弱的孩子哪里经历过这样的危险？库塔沙的眼泪被恐惧一点点逼出眼眶，他愁眉紧锁，没有任何办法。那条蛇像是可怜他一样，悄悄溜走了。

这时候，他整个人都虚脱了。肚子也在示威，咕咕直叫。眼看太阳的脸就要被大山吞噬了，他想，一定要抓紧时间才行。

在树林里转了很久，他才看到了一只兔子。这至少能让他填饱肚子。他做好了一切准备，正要射箭时，一群鸟突然腾空而起，吓得库塔沙无所适从，砰的一声坐在一个树墩上。

正传

九头母牛，创造无限可能

他感觉周围环绕着一种不祥的气氛，抬眼望去，头上竟然悬着一个硕大的蜂窝。蜂群像是发疯了似的，向他发起攻击，带着一股不达目的誓不罢休的劲头，想要把库塔沙变成一个蜂窝。

"啊啊啊……"

库塔沙拔起腿全速奔跑，路上的石头、树枝也像是站在蜂群一边，对他充满了仇恨，把他弄得头破血流。在生命面前，疼痛只能退居其次了，他拼命地向河流狂奔。

河面上，生命的波光在点点抖动，他急切地跳进水里。

水面渐渐地平静下来。

不知过了多久，库塔沙喷着水，从河里探出脑袋。他在水里憋的时间太长了，使劲吸着空中的氧气。蜂群被甩掉了，可是可怜的库塔沙，丢了枪，丢了盾，只剩下一副狼狈的模样。

他挣扎着爬上岸。在寒冷的逼迫下，他将杂草裹在身上，然后蜷缩着身体。他无法控制身体，只能任它自由地颤抖。相比之下，心里的寒冷更让他感到窒息。

不知道过了多久，他隐隐约约听到一阵歌声，可是他无法判定声音的位置。

他看到，有一个身影正在朝河边走去。是一个来河边打水的少女，在皎洁的月光下，边走边唱着歌。歌声随着月光缓缓地流遍库塔沙的身体，紧张的神经得到了缓解。于是，他鼓起勇气从杂草堆里走了出来。

"谁？你是谁？"

少女被突然钻出的衣冠不整的狼狈少年吓到了，失魂落魄地立在原地，发出尖利的喊叫声。但是，她很快就认出那是库塔沙。村子里的少女没有一个不认识库塔沙的，谁都知道他是一个热心肠的人，而这个少女便是温塔比生。

"原来是库塔沙啊。哎呀，我还以为是谁呢。可是，你……哎哟，你受伤了？"

正传
九头母牛，创造无限可能

这就是库塔沙和温塔比生初次见面的情形。

温塔比生生性善良，她很快找来了草药，为库塔沙包扎伤口，在旁边升起火堆，让库塔沙取暖。温塔比生的关切，让库塔沙在不知不觉中对她说出了心中的恐惧。温塔比生认真地聆听着，生怕他那颗脆弱的心再次受到伤害，她谨慎地说道："库塔沙，人们受伤都是因为心里有恐惧，如果不恐惧，就不会让这些伤口有机可乘了。你害怕的时候就是你最脆弱的时候，也是最容易受伤的时候。"

温塔比生皱起眉头，陷入沉思，脸上慢慢浮现出一股坚定的神色。接着，她给库塔沙讲了一个关于神秘"面具"的故事。

"我跟你说一件事，但你可要记住，这是我俩的秘密哦！在夜间的狩猎开始前，不是有个庆典活动吗？在庆典的时候总是要跳舞，跳舞的时候都要戴上面具，这个你知道吧？告诉你，今天晚上你一定要戴上最大的面具。听巫师大人讲，祖鲁族始祖'夏卡王'的权威和灵魂都化进了那个面具里。有勇气的人，只要戴上那个面具，就会发生奇迹。库

The Power of Trust 充分信任的伟大力量

塔沙,你的名字不是'勇气'的意思吗?我想那面具一定是为你准备的。"

库塔沙听得很入神,觉得温塔比生的话就像神话一样,神秘而美妙。

"如果大家都知道这件事情,一定会发生争执的,所以才要你保密。村里的老人们也一直在保守这个秘密。库塔沙,我相信你,只要鼓起勇气,你就一定能成就一番大事业。你要像我一样对你自己充满信心,只要有这样的信念,你就一定能完成狩猎任务。"

温塔比生的眼睛在漆黑的夜里闪着亮光,就像两颗宝石。这么多年过去了,那天晚上的记忆在库塔沙的脑海里还是那么清晰。

从来没有人对库塔沙说过这样的话。温塔比生的安慰,对于饱受恐惧摧残的少年来说,就像救命稻草一样。她的话唤起了他沉睡已久的勇气和智慧。从那一刻起,那些话就像潺潺的泉水一样,流淌在库塔沙的生命里,灌溉着他的心田。

那天晚上,库塔沙两手空空地回到了村子。

虽然没有获得战利品,但在决战到来之前,这就不算是失败。

庆典开始了,库塔沙照温塔比生所说的那样,戴上了最大的面具,在坚硬的土地上跳着舞。他用力跺脚,用心感受着大地的力量,恐惧在这样的过程中消失了。矮小的库塔沙,在他戴着面具跳过熊熊燃烧着的火焰的那一瞬间,散发出的气势惊呆了所有人。

夜间狩猎开始了,自信和勇气在库塔沙的身体里沸腾。他能感受到大地的力量,那也许就是温塔比生所说的神明的力量。原本觉得险象环生的树林,在他眼中突然变得很渺小。瘦小年轻的库塔沙爬到了树上,用藤蔓织成一张大网,设下陷阱,只要轻轻一按,网就会迅速落下去,这样就可以轻而易举地抓到他想抓的任何动物了。

一切布置妥当后,库塔沙开始四处寻找猎物。动物的眼

充分信任的伟大力量

睛会在夜晚发出不同颜色的光。库塔沙小心翼翼地观察着动物的踪迹。正在这时,他看见不远处闪烁着一点黄色的光,在树荫遮蔽着的地方若隐若现。他的直觉告诉自己,那一定是猛兽。

四周一片寂静,库塔沙甚至能听到自己的心跳声。片刻的沉默过后,他瞄准黄色光闪烁的地方扔了一块小石子,然后疯狂地朝自己刚才设下陷阱的方向跑去。

大自然中的生灵都有自己的优势,绝对不可小视。想跟猛兽赛跑,人类恐怕还稍逊一筹。

库塔沙向来对自己跑步的实力充满自信,但要说当时他一点儿都不害怕的话,那是假的。他能清楚地听到猛兽呼吸和奔跑的声音。

还好自己设下的陷阱就在不远的地方。库塔沙以迅雷不及掩耳之势跳到有陷阱的树下,迅速拉动绳索。哗啦一声,沉重的网从树上落下来,猛兽的咆哮声响彻了整个山谷。机灵的库塔沙将早就准备好的石头,狠狠地向猛兽砸去。咆哮声在一连串的打击下渐渐停止,只有喘息声还在垂死挣扎。

虽然猛兽安静了下来,但是库塔沙还是不能辨认出那是什么动物。

黑暗在慢慢褪去,天的那边露出了淡淡的白光,网下的猛兽已经筋疲力尽,基本上失去了抵抗能力。于是库塔沙小心翼翼地走过去。这时,他才看清动物的面孔,差点儿惊讶地叫出声来,竟然会是一头狮子。但是此时的狮子已经失去了昔日的神威,像一堆软泥一样一动不动地瘫在地上。

库塔沙在那场比赛中获得了胜利。身材矮小的库塔沙抓住了狮子,这个消息瞬间就传遍了整个村子。当时,不仅是拉丹酋长,所有的村民也都认为库塔沙是下届酋长的最佳人选。

狩猎结束了,库塔沙用自己的智慧和勇气,赢得了胜利。此时他最想感谢的人就是温塔比生了,但是他怎么也找不到她的身影。

没等库塔沙的故事讲完,我就迫不及待地发表意见,说:"那么,你是因为遇到了温塔比生,才有了狩猎的勇气。那个关于面具的秘密,真的很神奇,充满了戏剧色彩,

The Power of Trust 充分信任的伟大力量

部落王的灵魂竟然化进了面具里。"

我感叹着,他们两个看着我惊喜的样子,相视而笑。

"先生,其实那些都是骗人的。"

库塔沙的话让人吃惊。全部都是骗人的?这么精彩的故事,这么好的情节,怎么会是骗人的呢?在我的印象中,这个古老的地方,本来就充满了神秘和奇迹呀!

"关于夏卡王的灵魂附着在面具上的故事,其实都是假的。听她说,那些是村民们编出来自娱自乐的。温塔比生,这是你说的吧?"

温塔比生看着库塔沙深情地笑了笑,说:"那天,我看到库塔沙精疲力竭的样子,而且还那么狼狈,我真的很想帮他,想给他勇气。我的弟弟妹妹很多,每次在他们睡觉之前,我都会编些故事讲给他们听。当时,我只是像往常一样编故事而已,根本就没有什么神秘面具,最终是库塔沙的自信帮他找回了勇气。"

正传
九头母牛，创造无限可能

温塔比生说着，用手温柔地抚摸着库塔沙的肩膀，她手上的爱意深深地渗进了库塔沙的身体。

其实，那天温塔比生对库塔沙的印象也很深。她也想和大家一样祝贺获胜的库塔沙，然后再与他有一个美丽的邂逅，但现实总是充满无奈。温塔比生的家境实在是太贫寒了，有很多弟弟妹妹需要照顾，她根本没办法分身。况且她家又住在偏僻破旧的草棚里，离村子又很远。这一切，都让温塔比生觉得库塔沙离她越来越遥远了。

听完两个人的故事，我的心里装满了感动，轻轻地点头。被信任包裹的人，本身就可以闪闪发光。他们紧紧握着彼此的手，两张幸福的脸庞就像是被剪辑下来的风景一样。看着这柔情的风景，我会心地笑了。

人与人之间存在一道无形的光芒，把彼此紧紧连在一起。库塔沙和温塔比生，就被信任的光芒笼罩着，这种信任会慢慢增长，给对方勇气和生活的力量，这个幸福的秘密，悄悄地滋润着彼此的心，而打开这个秘密的钥匙就是"九头母牛"。

The Power of Trust 充分信任的伟大力量

　　九头母牛身上，每一缕鬃毛都体现着温塔比生的价值，写着他对她的肯定和信任。世界上没有哪一个人是十全十美的，人们总会被眼前的愁绪缠住，无法脱身。其实，时过境迁，你再回头看看，当时让你觉得痛不欲生的问题可能已经不是问题了。不要一味地陷入眼前的苦恼和问题中，要相信未来有无限的可能性。这就是从心底喷出的力量，正是有了这样的力量，库塔沙和温塔比生才会彼此信任。互相信任也是一种给予，它会彻底改变你的生活，让你看到人生中别样的风景。这样的思绪又在拨弄着我的记忆，让我想起了拉丹酋长的话。

　　"互相信任的人之间，会产生一种神秘的力量，让彼此相互扶持。"

　　走到外面，我看着洒满幸福和希望的夜空，第一次发现，夜空中的星星是如此明亮。听说在星星明亮的夜晚，村里会发生特别的事情，难道指的就是这个吗？

　　重返非洲的夜晚，是那么温馨而美丽。

The Power of Trust

外传

成功如此简单，只要敢于信任

有些人总是会主动跟人打招呼，有些人会在别人提出请求之前，主动帮助别人，成功的人总是愿意给予，而且不图回报。九头母牛是任何人都能付出和接受的正能量，收获之前自己要给予更多，人生会随着你的选择而变化，变化的多少将决定美丽的程度。

外传
成功如此简单,只要敢于信任

开始艰难的改变

俊泰读完整个故事后,头脑异常清醒,就像被冷水冲洗过一样。

信任,这两个字让俊泰想起了周围的人。最先闯入记忆的就是表哥成贤。他没有忘记,在自己最失意的时候,是成贤伸出了援助之手。他也不会忘记,在上班的第一天,是成贤给了自己鼓励,正是这种鼓励一点儿一点儿地给他注入了自信。

他当初的话依旧清晰地萦绕在耳旁。

"俊泰,你不要认为是因为我的关系才进了那家公司。我认为,有了你,我才能从那家公司得到更多的东西。如果你一无是处,我也不会推荐你。到了那里,什么都不要想,

The Power of Trust 充分信任的伟大力量

只要全力以赴地工作就行了。"

九头母牛，让俊泰想起了这段往事，想起了竞争对手兜里的那支钢笔。那个抽象的，看似遥不可及的东西，成贤可能从一开始就将它给自己了。

俊泰一向的做事风格就是独断，他总是希望周围的人都无条件地配合自己，对别人的不满总是视而不见。他从不认为别人的不满跟自己有关，把一切都归咎于别人，认为是他们自己想不开。现在他终于明白了，那些抱怨都是自己一手造成的，不能把所有的责任都推给别人。以前，他从来没有正视过别人的价值，他总是凌驾于所有人之上，独享着阳光，让别人看不到光亮。

周围的人和事就像片花一样不停地在脑海里闪过，成贤的影子总是穿插在每一个情节当中。其实，仔细想想，除了成贤以外，其他所有取得成功的人，他们的生活中都存在着一个无形的"九头母牛"公式，引导着他们前行。

营销二组的组长——江明基。

外传
成功如此简单,只要敢于信任

他是一个会主动和别人打招呼的人,而且总是面带笑容,热忱待人。对俊泰是这样,对其他的人也是这样。就连保安和清洁工人,对他的印象也很好。有一次,总经理听到保安对他的称赞,给了他很高的评价。江明基组长每次取得优异成绩的时候,从来都不会居功自傲,总是把功劳让给组员。他对组员们也很关心,从来不会把他们当成手下看,而是把他们看成自己的后辈。在组员面前,他也从来不吝惜自己的鼓励。

孔成贤总经理。

孔成贤总经理每天都在为工作忙碌,而且没有怨言。他不会等着公司给他安排工作,总是自己主动找事情做。一个人想要快速升职,就必须这样做,因为只有这样,才能超额完成业绩。他就是这样的人。只要是他力所能及的事情,他总是会主动地去帮别人。他称赞饭店的厨师,认真执行公司内部的面谈制度,他总是能找到那些本来不需要自己亲手去做的事情。

成功人士身上都有一个共性,那就是习惯于先付出,而且从来不求回报。殊不知,那些回报在不知不觉中已经堆积

The Power of Trust
充分信任的伟大力量

成山，最后变成巨大的财富，回到他们身上。但是俊泰以前从来没有意识到这一点。他不知不觉地陷入了回忆之中，今天他说过的每一句话都在脑海里回响。

他对儿子志修说：

"如果你继续这样下去，以后还能做什么？你知道别人都怎么学吗？你可真行。"

他对妻子熙京说：

"不要总是说'好、好、好'的，你要好好教育孩子才行。都是因为你，孩子才会变成现在这样的。"

他对夏代理说：

"难道你觉得你刚才说的那个也叫营销方案？这些预算要怎么支出？你到底有没有脑子？"

他对表哥成贤说：

"在这个世界上，没有一个人是值得信任的。老天都不

外传
成功如此简单，只要敢于信任

帮我，我也就这副德行了。"

俊泰总是这样，总是急于将自己保护起来，从来不会先对别人付出，除非有利可图。他常常为了能多得到一点儿而奋力挣扎，然而得到的那些就像手中的沙子一样，他只能眼睁睁地看着它们一点点从手中流失。东基信里所写的故事，让俊泰开始反思，开始产生想要改变人生方向的愿望。

"那么，我能为别人做些什么呢？要怎么做才好呢？"

这些问题在俊泰的脑海中相互碰撞，让他的头脑变得浑浊而杂乱，找不到头绪。海鲜骗局，成贤说的话，东基发来的信……一件件事情让他晕头转向，难以应付，仿佛眼前就是一片混沌。现在，他只想早点儿回家休息。

俊泰轻轻地打开门，房间里的灯无力地亮着。熙京一个人躺在沙发上，看样子是睡着了，一旁开着的电视孤独地聒噪着，俊泰悄悄走到电视机前，把电视关掉。正当他想给熙京盖上被子的时候，她突然站起来说："什么时候回来的？我怎么睡着了？"

The Power of Trust 充分信任的伟大力量

"嗯，刚回来，上床睡吧。"

熙京睡意蒙眬地向卧室走去，看着她留下的背影，俊泰的心突然像是被什么东西刺了一下似的，有一种隐隐的痛。他走到浴室简单地洗漱之后，就瘫软在床上，他从来没觉得枕头这么软过。

第二天早上，俊泰刚睁开眼，眼皮上还缀着睡意的时候，就看见熙京迎面走来，手里端着一杯牛奶。

"昨天看你好像睡得不好，公司里有什么事吗？"

她一边将牛奶放在桌上一边说着。

"事情？"俊泰反应了一下，接着说，"怎么会……没事。"

俊泰接过牛奶，不敢正视熙京的眼睛。熙京心里明白，俊泰肯定有什么难言之隐，所以才会拿这些话来敷衍自己，但她没有再追问。

虽然因为志修，两个人经常吵架，但对于熙京的关心，

外传
成功如此简单，只要敢于信任

俊泰还是一直心存感激的。和往常一样，俊泰在熙京的目送中走出了家门。

俊泰走后，熙京一个人在客厅里看电视。电视中，记者正在介绍非洲独特的婚礼习俗，人们在母牛面前欢快地传递着喜庆的消息。坐在沙发上的熙京在好奇心的驱使下看完了节目，但却没有在脑海中留下什么印象，在满足了好奇心之后，就把它抹掉了。于是她关了电视，到厨房刷碗去了。

俊泰的车行驶在上班的路上。新的一天又开始了，太阳依旧从东方升起。看着折射在车窗上的阳光，俊泰的脑海中不断地回想着东基信中"九头母牛"的故事。但回忆的情节总是断断续续，像是节选，不知道是从什么地方开始的，也不知道是怎样开始的。这个故事让他产生了一个奇怪的想法，他也想把"九头母牛"送给身边的人，但应该怎样做，还需要时间考虑。就像今天早晨，本来俊泰想对熙京说声"谢谢"，但这两个字却顽固地待在嗓子里，怎么叫它都不出来。他甚至认为，他和库塔沙根本就是两类人，本质不同，走的路不同，生活的环境也不同。

The Power of Trust　充分信任的伟大力量

时间就像飞毛腿一样，跑得飞快。他的胡思乱想也扔了一路，不知不觉中俊泰已经到了公司楼下。

俊泰信步走进公司大门。看着同事们诧异的表情，俊泰有些不知所措。大家前一秒钟还在谈笑，一见到俊泰就像见了阎王一样，马上封紧嘴巴，一溜烟全都回到了座位上。俊泰尴尬地扫视着大家，也就算是打招呼了，然后就躲进了办公室。

这时候最不舒服的就是夏代理了，他如坐针毡，不知所措，就像老鼠见了猫一样。他静静地观察着俊泰的表情，然后小心翼翼地走到他的办公桌前。

"那个，组长，昨天的事情……"夏代理垂着头，扭捏地说。

正在翻看文件的俊泰抬头看了他一眼，又马上低下了头。夏代理继续说："昨天……开会的时候，我太激动了，有些失礼，冒犯了您，希望您原谅。"

这句话唤醒了俊泰的记忆，他突然想起了夏代理红着脸

外传
成功如此简单，只要敢于信任

跟自己顶嘴的样子。但现在他心里却很平静，没有一丝怒火。毕竟是夏代理先低头，这已经给足他面子了，俊泰反而有些感激。

即便如此，俊泰还是说不出"谢谢"两个字。就像早上一样，那两个字不停地在嗓子眼里打转，怎么都吐不出来。其实，这种感觉也一直在摧残着俊泰的心，让他觉得很难受。可他还是用一番冠冕堂皇的话来伪装自己，把自己裹得严严实实的。

"昨天无论是你还是我，情绪都太激动了。不过出发点都是好的，大家都是想好好工作，为组里增光，为公司谋利益，只是我们的意见有些不同。以后大家注意就是了。"

"是，以后我会继续努力的。"

夏代理松了一口气，大声地说着，然后向俊泰鞠躬行礼，回到了自己的座位上。

对于俊泰来说，想要给别人"九头母牛"实在太难了。就连简单的一句"谢谢"都说不出口，看来想要战胜自己，

The Power of Trust 充分信任的伟大力量

实在不是一件容易的事情。

时间一天天流逝，俊泰做事也越来越谨慎。在公司，他整天为筹划新产品上市的营销战略忙碌；在家里，他为三个人的和谐生活而努力。总之，他度过了充实而平静的一个月。

外传
成功如此简单，只要敢于信任

找到钥匙

星期五下午，俊泰好不容易能早点儿下班。吃过晚饭后，他悠闲地打开电视，准备安静地看看新闻。和往常一样，关于政治的报道占据了新闻的大部分时间。

俊泰心里想，可能今天也不会有什么新鲜新闻了。他盯着电视，一副百无聊赖的样子，失望的他正准备关电视时，电视里驻外记者沉重的声音让他停住了脚步。

"今天下午的最新消息：正处于内战中的斯里兰卡边境地带发生了激烈的枪战，其中有两人丧生，多人身负重伤，丧生者包括在当地做义务医疗活动的韩国人李东基先生……"

顿时，俊泰变得神情恍惚。脑海中闪现出李东基三个

The Power of Trust 充分信任的伟大力量

字,他的心开始怦怦乱跳起来。俊泰重新把身体交给沙发,仔细地听完报道。他真希望是自己的耳朵出了问题,或者是记者报道出了错。但新闻上说得清清楚楚,那个人的确是前段时间给他发邮件的东基。

俊泰突然想起,东基说他很快就会结束斯里兰卡的任务,重返非洲。

"怎么,怎么会这样……"

俊泰从来没有想过,自己身边的人会在这个和平的年代,被卷入到战争中,更不用说在战争中出现意外了。

俊泰突然觉得全身冰冷,一时间僵在了那里。

熙京看见他痛苦的表情,关切地问:"啊,李东基?现在电视里说的,难道是你的朋友东基君吗?不是吧?"

熙京对东基的印象很深,因为东基曾经很照顾他们夫妇。结婚的时候,东基还是他们的见证人。熙京很了解东基的为人,而且也很欣赏他,熙京能读懂俊泰表情里的悲伤。

外传
成功如此简单，只要敢于信任

"可是，东基是什么时候去的斯里兰卡？怎么我们一点儿都不知道？"

好奇心一直在熙京心里作祟，她不停地在俊泰耳边聒噪。

此时的俊泰就像一个木头人，眼睛、耳朵……几乎所有的感官都被麻木攻占了，失去了感觉。熙京的话就像回音一样，遥远而模糊。

就在一个月前，东基，那个很有思想的家伙，还发来了电子邮件。九头母牛的故事，讲得那么绘声绘色。谁能想到，那竟是一封遗书。

遗书？想到这里，俊泰心如刀绞。

那个曾经陪他一起哭一起笑，一起寻找人生梦想的家伙，现在去了另一个世界。过去的一切慢慢变得虚幻，像烟雾，像云彩。

他的眼眶里噙着泪水，却怎么也掉不下来。他该说些什么呢？又该做些什么呢？

The Power of Trust 充分信任的伟大力量

电视不会悲伤，记者不会因为东基的死而停止报道，俊泰的生活也不会因为东基的死而停止。记者依旧在喋喋不休，只是那些声音都与空气融在了一起，在空中摇摆。

不知过了多久，俊泰渐渐恢复了平静。

在医院的地下室里，来参加葬礼的人很多。

也许是因为下雨，室内的空气中悬浮着一股阴森的气味，这种味道很容易让人的思绪变得凌乱。俊泰的心情复杂到了极点，他收起黑色的雨伞，盯着挂在灵台正中间的东基的遗像。俊泰根本无力抵挡失落和空虚的侵袭。

眼泪终于攻破了意志，爆发出来。瞬间，感情就像决堤的洪水，一发不可收拾。

因为刚刚丧失了亲人，东基家属的脸上写满了苍白。泪水已经流尽，他们不再哭泣，只是守着一份苍凉的平静。来吊唁的大多是东基的同事。那些人脱掉了整天穿着的白衣，换上了阴郁而肃穆的黑色衣服。俊泰的心里阵阵抽搐，他总能在他们身上看到东基的影子。东基永远离开了，但俊泰却觉得他离

外传
成功如此简单，只要敢于信任

自己越来越近了。东基的灵魂永远守在俊泰心底最温暖的角落里。俊泰无法给东基什么了，但至少能安慰好朋友的母亲。

"伯母……"

东基的母亲惊讶地看着俊泰。

"啊，这是谁啊？俊泰啊，哎哟……"

东基的母亲眼里含着泪水，紧紧地握住俊泰的手，好像一松开俊泰就会消失一样。千万种情感的纹路在她脸上交织，那眼神就像是在看自己的亲生儿子，那种心疼，让人不忍正视。

和东基相交多年，彼此都很熟悉对方的家人，俊泰非常理解东基母亲现在的心情，就像他失去父亲时一样。唯一不同的是，现在留下的是白发人，被送走的却是黑发人。

"哥哥，您来了。"

俊泰的妹妹用微弱哽咽的声音跟俊泰打招呼，悲伤夺走了她的力量，让她的声音变得无力、凄楚。她的眼睛在泪水

The Power of Trust 充分信任的伟大力量

的拍打之下，也变得红肿、虚脱。

俊泰看着她憔悴的样子，点了点头，话哽咽在嗓子里，似乎只要一说出来，眼泪就会倾泻而出。

遗像里面的东基，依旧保持着和善和明朗，脸上笑容的感染力却没有冷却。这让深陷于伤心之中的俊泰得到了一些安慰，他甚至认为东基一直陪在自己身边。想到这些，他反而有些高兴。

俊泰上前吊唁，劝慰东基的家人。他觉得自己抓不到半丝真实的气息，不相信这个没有尸体的葬礼会是东基的葬礼。

但是眼前的一切却在不停地鞭打着俊泰的心，让他清醒，把残酷的现实强塞进他的意识。东基心力交瘁的母亲，憔悴娇弱的妹妹。他们的每一次呼吸都在召唤现实，都在呐喊，这不是在演戏。

"我真的不知道该说些什么。关于东基……伯母，请节哀。"

外传
成功如此简单，只要敢于信任

俊泰的声音沙哑而颤抖。他哽咽着，咽喉中像是堵住了什么东西似的。东基的母亲轻轻地摇了摇头，长叹一声，微笑着说："没关系的。只要他没有遗憾就好了，毕竟已经做了自己想做的事情，就算离开了，应该也是幸福的。为他送行的人这么多，还有什么奢求呢？那些都是东基的照片，都是我平常精心收藏起来的，过去跟他打个招呼吧！"

东基的母亲指着挂在灵堂外面的东基的照片。几十张照片在抚慰着一颗颗悲痛的心。

"那是东基在非洲工作时拍摄的，是他的同事拿出来帮忙编辑的。我想也许是为了怀念东基，称赞东基吧！"

他确实值得称赞。在俊泰心里，东基成了一个永垂不朽的"伟人"。

照片拍得真好，东基的每一个笑容里都隐含着非洲的风土人情。他抱着那些皮肤黝黑的孩子的样子；坐在被绑在铁质病床上的患者身边的样子；为病人检查身体的样子；与手扶拐杖的孩子一起踢足球的样子；夸张的装扮，胜利的手势……东基是幸福的，他的幸福都写在了照片上。那些幸福

The Power of Trust
充分信任的伟大力量

时光因为这些照片的存在而被保留了下来。

俊泰一边看着照片,一边在脑海中想象着东基在非洲生活的画面。突然,一个熟悉的影像刺激了他的记忆,拖住了他前进的脚步,他在一张照片前停下了。

"虽然照片很多,但没有一张能够证明他的身份。因为这些都是哥哥生前最喜欢的照片,所以就当遗像用了。看看,里面只有哥哥的脸,每一张都让人心痛。"

不知道什么时候,东基的妹妹站到了俊泰身旁。是的,照片中只有东基的脸,记录下了他所经历的点点滴滴。那灿烂的笑容,那幸福的表情,似乎在述说着东基的一生,那如昙花般的一生,短暂而幸福的一生。

"咦?原来是母牛啊。"

看着照片,俊泰喃喃自语。

东基灿烂地笑着,身边,有几只硕大而温顺的动物。俊泰知道,那就是他在邮件里提到的母牛。

外传
成功如此简单,只要敢于信任

"怎么样,朋友!这样走了,开心吗?"

俊泰在心里默默地追问着东基,他希望这声音也能传到另一个世界,传到东基的心里。这会是一种温暖吗?朋友的声音,朋友的叮嘱……突然,一阵懊悔席卷了俊泰的全身,东基在故事里向俊泰道出的道理,九头母牛的道理,俊泰没有做到,他甚至没有去尝试。他真的好恨自己。而现在的他能为东基做些什么呢?像土古子人送走拉丹酋长一样,开心地为东基送行?不,他做不到。他唯一能做的就是为他祈祷,希望另一个世界里有他想要的淳朴和清幽,有清澈的河流,有九头母牛在河边安详地饮水。

"你,是不是俊泰啊?"

泪眼婆娑的俊泰,好像听到有人叫他的名字,于是挥去脸上的泪水,转过身,原来是东基的高中同学根哲。想必大家都从新闻中听到了消息,所以东基的同学也来了不少。他们在灵堂的桌子前,一边吃辣牛肉汤,一边聊天,就像同学聚会一样。这些很难一聚的朋友,一见面就生出一种亲切感,就像昨天刚刚聚完一样。大家互相问好,互相拥抱。

The Power of Trust 充分信任的伟大力量

东基生前就是一个很有凝聚力的人,没想到去世以后,这种魅力依然不减。

这个场面将情景拉回到了与东基一起学习的时代,往事就像泡沫一样在每个人心中膨胀。

根哲总是忘记带午饭,东基总是把自己的那份分给他吃;泰植扭伤了脚,东基就像履行义务一样,整天跑去帮他提包……

在与同学的交谈中,俊泰发现,东基总是不求回报地奉献着自己。他的人生似乎就是以奉献为基准的,直到他死去。

沉默在空气中逗留了一阵,根哲接着说:"如果没有东基发给我的信……"

根哲抬起头,让自己的眼圈暴露在空气里,让空气尽情地舔舐自己的眼圈。

"不久前,东基给我发了一封邮件,内容是关于非洲的

外传
成功如此简单，只要敢于信任

故事。看了那个故事之后，我想了很多很多。寓意真的很深刻。那个时候，我刚好处于人际关系的冰期，真的很累……东基的信，让我懂得了很多道理。虽然他不和我们在一起，但就像能未卜先知一样，知道在我身边发生的所有事情，所以给我写了那封信，想阻止糟糕的生活将我吞没。按照他的话，试着不求回报地为别人付出，真的让我收获了很多，人际关系得到了前所未有的改善。"

根哲的话流进了俊泰的心里，启迪着俊泰那颗被困惑掩盖的心。他终于明白了，能让自己获得收获的人，只有自己。

东基的葬礼在一种沉重的氛围里落下了帷幕。

俊泰带着满心的悲痛回到了家。

他呆呆地坐在电脑前，一遍又一遍地回忆着东基的脸，总觉得东基的脸上写满了忧虑，好像有什么话要跟他说似的。东基脸上的忧虑催促着他打开电脑，他把东基的邮件重新看了一遍，进入他眼里的不再是新鲜和感动，而是一种悲痛。每一个字都变成了一把锋利的尖刀，上面还涂满了心碎的毒药。这根本就不是一封邮件，而是一份遗嘱。

俊泰强忍悲痛，一直往下读。他仔细读每一个字，不放过任何一个角落。他已经错过了东基，不想再错过他在非洲经历的点点滴滴。再次拾起这个故事，俊泰发现了很多先前没发现的秘密。

"九头母牛"就是打开所有秘密的钥匙。俊泰终于恍然大悟，故事中的主角不是男人和女人，而是那九头母牛，所有的谜团都要通过这个名词才能找到答案。就像温塔比生给库塔沙的勇气和库塔沙送给温塔比生的九头母牛一样，生活就是这样，要得到幸福，就要先学会给予。

俊泰真的想让所有的人和自己一起分享这个故事，但这仅仅是一种愿望而已。他真正能做的，就是像其他朋友一样，亲身体验"九头母牛"的魅力。

俊泰陷入了记忆的长河之中。不论是在工作中，还是在生活里，他的言谈和举止总是那么高傲，给别人的永远都只是否定。其实，在否定别人的同时，他也否定了自己，所以他给自己制造了一个负分人生。

外传
成功如此简单，只要敢于信任

这是俊泰本身的问题，只有端正自身，才能让一切有个崭新的开始。

要学会用一种肯定的态度去对待生活，肯定别人，也肯定自己。人生就是这样，如果你对世界报以微笑，世界也会用同样的微笑来回应你。

我们经常在书上看到这样的话：如果你在晨光中把微笑送给镜子，那么你将拥有一天的好心情。其实，这些道理都大同小异。不求回报地给予，会收获意想不到的惊喜，而且这种惊喜具有强大的力量。

俊泰打开日记本，把刚才的想法全都记录下来。

"我真心给过周围人什么？"

真心给过别人什么？俊泰仔细地想着。他回味着故事中库塔沙送给温塔比生九头母牛的情节。想象把他带出了现实，他感觉自己仿佛变成了库塔沙。那个男人在九头母牛身上装满了信任，用它们换回了一个聪明贤惠的妻子。他要给别人怎样的九头母牛？最终又能换回什么？或许在付出之前根本不应该去

The Power of Trust 充分信任的伟大力量

想回报，甚至付出之后也不要想回报，这样的付出才有价值。

俊泰陷入了沉沉的深思，虽然他想到了付出，但他还是不知道应该给别人怎样的九头母牛。

他点燃了一根烟，边想边向空中吐着烟圈，想让烦恼也随着烟圈一起消散。但每一次，自己心里根深蒂固的思想都会出来破坏，每当他有些明白的时候，总会被"我怎么能给别人那么重要的东西"这样的观点击溃。于是他在一次次的溃败中合上了日记本。想想看，那可是俊泰平时觉得最可笑的人生态度啊！他怎么能够成为自己嘲笑的人呢？

因为这种想法的阻挠，九头母牛的行动，他一直都无法实行。

在忙忙碌碌的生活中，又过了一个月。每当夜深人静的时候，俊泰都会想起东基的故事，想起他给自己讲的故事。他在这样的夜晚一次次失眠，他原本的想法也在动摇。不如就按照九头母牛的方案去做，把结果交给上天吧！又何必自我封闭呢？那样做也没什么不好。决心终于驻足在了他的心里，他决定实施九头母牛计划。

外传
成功如此简单，只要敢于信任

要真正实施九头母牛计划，就要彻底改变观念，一定要摒弃"我能做什么了不起的事情？"这种悲观的念头。要时刻想着"有什么了不起的！有什么是我做不了的？"它会给你力量，支撑你往人生的顶峰攀登。只有这样，你才能释放自己的光芒。

这些思绪凝结成一股强大的力量，往俊泰的脑子里灌输新鲜血液。俊泰突然明白了一个道理，一直以来，束缚自己的不是环境和周围的人，而是自己。想要从别人那里获得幸福，就要先给予别人幸福，想要给予别人幸福，就要先脱掉捆绑自己的铁链。俊泰将自己常说的口头禅写了下来。

"我为什么会这样？"

"我是个倒霉的家伙。"

"人们总是想骑在我的头上。"

他看着这几行字在纸上表演，就像小丑一样，忍不住扑哧一声笑了。原来自己的想法是这般幼稚可笑。看来，真的需要重新认识自己了。

The Power of Trust 充分信任的伟大力量

重新认识自己是一个艰难的过程。要彻底革新思想，就像是脱胎换骨一样。要大刀阔斧，斩除一切顽固愚昧的思想，直到连自己都觉得自己陌生为止。

灵光一现，这种想法从俊泰的脑袋里蹦出。想给别人九头母牛，就一定要先让自己拥有九头母牛。

换句话说，这九头母牛就是对自己的信任。信任能给你带来巨大的力量，能给你带来开创未来的动力。

"孔俊泰，相信自己。"

那天晚上，俊泰在梦中见到了东基，东基就像在春风中绽放的桃花一样，吐露着灿烂。俊泰的身后跟着九头母牛，他给东基抛去一个真挚的微笑，像是在告诉东基，他已经找到了属于自己的九头母牛。两个久别重逢的故人，感受着彼此的信任，紧紧相拥。

外传
成功如此简单,只要敢于信任

带上九头母牛重新出发

第二天早上。

阳光透进窗户,爬上俊泰的脸。摆在桌上的鲜牛奶,贪婪地享受着日光浴,飘散着香醇的味道。闹铃开始唱歌,双重诱惑攻破了俊泰睡眠的防线,把他从床上拉了起来。妻子像往常一样在厨房里做饭,切菜的声音充满了节奏感。一切都一如既往,没有一点儿变化。只是俊泰觉得眼前的晦暗消失了,一切都变得明亮,散发出清新的光泽。

他的脸上挂着舒心的笑容,这就是他心情的写照。

洗漱完毕,湿着头发的俊泰不假思索地坐到饭桌前。看着厨房里妻子忙碌的身影,俊泰像是被浸泡在了幸福里。这

The Power of Trust 充分信任的伟大力量

就是家,厨房里的那个人,就是真正能一辈子守在自己身边的人。于是他站起来,摆好碗筷,走到了志修的房间。

一进门,俊泰就扬起窗帘的一角,用力一挥,把窗帘拉开,紧接着打开DVD,音乐震动了整个房间,让房间在旋律中跳舞。但志修却对此无动于衷,懒懒地贴在床上。今天俊泰的脾气异常的好,没有大声地呵斥,更没有粗鲁地掀开志修的被子。而是坐到他旁边,用手上的热气逗弄着他敏感的肌肤,让皮肤触动恋睡的神经。

"啊!啊哈哈……爸,你干吗?哎呀,知道了,知道了,好了好了……"

志修用声音挣扎,身体也在不停地扭动。直到他苦笑着起来,俊泰才停手。

昨天已经变成了过去,漫长的思想斗争之后,俊泰终于能上演新的一天了,这一天必定与昨天大不相同。

身边的一切并没有因俊泰心里的变化而变得特别,和平常一样,熙京把衣服递给俊泰。平常的衣服都是妻子准备的,这种关怀,俊泰早已习以为常了。他从来没有自己费心搭配过衣服,但是每次出门总会有人夸他的衣服得体大方。

"公司里的人常常夸我会穿衣服。仔细想想,这都是你的功劳,要是没有你,我都不敢想象这些年会过成什么样。"

"老公,今天你是怎么了?好奇怪啊!难道有人在半夜偷换了我老公的大脑?"熙京半认真半开玩笑地回应俊泰。其实听到这番话,她的心里充满了感动。

"是九头母牛帮你老公换了脑袋。"俊泰在一旁自言自语。

"啊?"

"啊,不是。我是说,还是志修的事情啊!就像你说的,可能是我太着急了。不如再等等吧!我知道他是个有志向的孩子,既然是这样,就应该相信他。只要我们用心照顾他就可以了。关于辅导班的问题,还是可以商量的。"

熙京歪着头，凝视着俊泰。俊泰轻轻握住熙京的双手，传递着信任。

熙京睁大双眼，放出一阵阵惊讶，她说：

"你真的很奇怪啊！赶紧去上班吧。"

俊泰的变化太突然了，让熙京和志修都很好奇，有点儿不敢相信。难道有什么好事要降临？以后还会有什么变化？在事情没有发生之前，一切都还是未知数。未来会怎样，或许连俊泰自己也不知道。

"今天天气很好啊！真是难得！大家都注意到了吗？我看开个运动会就挺好的。"

俊泰一边说一边迈进公司，撒下一路的舒畅和潇洒。营销一组的人全被镇住了。好不容易早到的夏代理，假装勤奋的吴代理，拿着咖啡杯站在一边发呆的智慧小姐……每个人都是一副惊讶的表情，但个个都是敢惊不敢言，只是尴尬地和俊泰打着招呼。

外传
成功如此简单，只要敢于信任

"是……组长，您来了。"

"大家今天的状态怎么样啊？我们的C9也应该浮出水面了。它潜在水底的时间已经够长了，再这么下去会被淹死的。所以大家要抓紧时间快点儿进行才行！对了，夏代理，你上次做的那个策划案能不能再让我看一下？"

职员们面面相觑，只有俊泰心中像明镜一般，他知道自己在做什么，所以面对自己的改变给众人带来的惊讶，他很平静，每一个动作都是那么自然。智慧小姐和其他职员一样，对于组长突如其来的变化无法接受，但她还是下意识地把目光投向了窗外的天空。没错，天气的确好得让人心旷神怡，连眼神都有些恋恋不舍了。

The Power of Trust 充分信任的伟大力量

心态变了,世界就变了

时间总是能带着我们走很远,但我们却永远无法走在时间的前面。季节悄无声息地演绎着自己的规律,两个季节在不知不觉中走远了。秋天含着夏天的尾巴,吞噬着残留的绿色,半年的光阴就这样逝去,像水一样静静流走,没有声音。空气不同了,温度不同了,周围的一切都不再那么浮躁了,周围所有的生物都变得异常冷静。

东基的遗书给了俊泰最珍贵的东西。九头母牛的故事时常在他的脑海中浮现,然后出现在日常生活中,变幻成各种模样。

俊泰学会了每天在出门前对妻子说声谢谢。节假日或家

外传
成功如此简单,只要敢于信任

里发生什么大事的时候,他总是很关心岳父岳母,比妻子还上心。这样的改变也让他们的家庭变得和谐,溢满爱意,他和熙京再也没有因为娘家的琐事吵过架。他也学会了和妻子一同承担志修的教育,哪怕是微乎其微的小事。

在变化中,俊泰认真地品味着生活给他的感受。他从来没有发现,原来自己和妻子之间有这么多共同的地方,有这么多共同的意见。同时他也是第一次知道,原来妻子对以前的自己有那么多的抱怨和不满。实际上,这些抱怨和不满都是从一些琐碎的小事中滋生出来的。一双被俊泰扔在屋里的臭袜子也会引发一场战争,因为乱扔的臭袜子会熏臭人的心情,会让熙京感到巨大的压力,觉得俊泰是一个不负责任的男人。

他从来没像现在这样向家人敞开心扉,从没想过原来和妻子聊天是这么开心的一件事,从没想过原来妻子也可以做自己的朋友,自己可以向这个善解人意的女人诉说心中的烦闷。更重要的是,变化让他看到了自己的价值。他充分意识到了丈夫的作用,父亲的作用,女婿的作用,儿子的作用,姐夫的作用,妹夫的作用……原来一个人生活在社会上,要

The Power of Trust 充分信任的伟大力量

有这么多的作用，才能体现出他的价值和生存的意义。

他看到了自己的价值，他担负起了自己肩上的责任，在以后的日子里，无论大事小事，他总是第一个站出来，主动去做。

被动和主动是两个极端。主动会让你做得很开心，甚至会得到别人的感激。然而，被动只会让事情不断地向你施加压力，让你产生挥之不去的压迫感，你就会永远无法开心，不仅你自己会有抱怨，别人看到你做事的态度，也会对你有意见。

以前，他们夫妻俩就像反方向转动的表针，现在他们两个人的脚步却变得一致起来。俗话说，家和万事兴，家庭的平静，工作的和谐，让俊泰的生活逐渐趋于稳定，整个人也变得异常平静。

久违了的笑容重新回到了妻子的脸上，她还常常沉浸在幸福里，独自哼着小调，让自己的幸福流满整个家庭。其实妻子并不是个做饭的巧手，为了俊泰她才强迫自己感兴趣。

外传
成功如此简单，只要敢于信任

现在，她却信誓旦旦地说要拿下厨师资格证。这份热情一点点渗透到俊泰的心里，感动着他。

为了让家里的幸福和欢乐继续下去，俊泰也加入到做家务的队伍中。俊泰帮着熙京一同分担家务，这让熙京很感动，这份感动也在悄悄地改变着她，她积极地参加到志修的学校生活中，还经常参加家长活动。这份努力换来的是荣耀和自信，她当上了志修的每日讲师，主讲做菜课程。

一切都在平和地进行着，但俊泰并没有一味地沉浸在这种平和中，他并没停下改变的步伐，并没有忘记对志修的夸奖和期待。

改变已经融入了俊泰的血液里，所以对妻子和儿子说感谢和鼓励的话变成了他的习惯。无论是去上班还是下班回家，他都不会忘记。即便是加班，回家很晚，他也不会忘了给儿子发短信，激励儿子。

"志修，爸爸为有你这样的儿子而感到自豪！"

物质上的满足，让俊泰将更多的注意力给了志修。也许

The Power of Trust 充分信任的伟大力量

天下的父母都希望自己的子女能继承自己的志向，但是，下一代毕竟是下一代，他们所处的环境和接触的事物与父母完全不同，硬是把自己的思想和意志强加给子女，那便是强人所难。关于这个问题，俊泰想了很久。虽然志修是他的希望，但他认为志修也应该有自己的生活，他和熙京把他带到这个世界上，不是为了让他来完成自己的梦想，而是为了让他活出自己的人生。

于是俊泰决定先了解志修的生活。只有让孩子敞开心扉，和父母交流沟通，才能有效地对他进行正确的引导。

志修对电脑的痴迷，引起了俊泰的好奇。在好奇心的驱使下，他打开了志修的迷你网页，他看到有很多奇思妙想在网页里开花结果。美妙的网页勾起了俊泰的兴趣，他每天都要抽时间去看上一两眼。

这种偷偷摸摸的举动可能在无意中留下了蛛丝马迹，引起了志修的警觉，志修在电脑上设置了密码。俊泰像往常一样去看儿子的网页，但是密码将他的视线挡在了外面，这时，他的心里有种说不出的委屈。毕竟偷看别人的东西不是

外传
成功如此简单，只要敢于信任

什么光彩的事情，他没办法光明正大地问志修。在好奇和委屈的夹击之下，他的心也在抗议，这种感觉让他很难受。

和孩子交流需要耐心和爱心，也需要尊重。于是俊泰不再偷看志修的网页，但这并不意味着他放弃关心志修，只是改变了策略，用理解和爱来打开志修的心扉。所以他每天都会用名人名言给志修留言。

有一天，志修突然看见了朋友的留言。他们评论道："哇！你的父亲帅呆了！"这种感觉着实让志修满足，甚至有点儿成就感。于是他开始在俊泰的留言下发表评论了，最后直接将两人的交流改成了密谈。父子之间的关系本来就是亲密的，这样一来，在亲密的基础上又加上了一些神秘感。对孩子而言，还有什么能比这更有吸引力呢？

一个月前，志修对俊泰还保持着距离，每次看到俊泰的留言，他都很冷淡，回一个"是"或者"知道了"之类的，生硬的语言透着寒气。俊泰看到这样的答复，心里泛起了一些难堪，但这并没有激起他的怒火，俊泰用理解和耐性缩短着父子之间的距离。就像当初对他突如其来的变化不知所措的妻子一样，时间长了，志修就会习惯的。

他想的没错，也正如他所希望的那样，事情进行得很顺利。一个月后，志修的态度有了一百八十度的大转变。两个人的改变酝酿着父子情，彼此之间的感情逐渐升温，俊泰认真地享受着这种温馨的感觉，心里有一种前所未有的踏实感。

俊泰并不是对所有的事情都能应对自如，在开启孩子心灵之门的过程中，他也有过困惑。他常常会怀疑自己的方法，常常被自己的怀疑弄得不知所措，时常有想放弃的念头。是九头母牛的故事一直在给他自信，用平静浇灭了他的烦躁，这种信念就像是一种原始的动力，在他颓败的时候，给他振奋的能量。

人生总要经历太多太多的变化，从否定到肯定，从贫穷到富有。然而你想让自己的人生发生这样的变化，就需要你做出与现有生活方式截然不同的行为。就像在锁内反向旋转的钥匙，想要把锁打开是很困难的，只有正向旋转才能将锁打开。但人们往往会使劲转动钥匙，在把钥匙弄断之后，才

外传
成功如此简单,只要敢于信任

会去想正确的旋转方向。

平凡的生活需要激情,然而激情也只是平凡生活的调味品。一晃,半年过去了。人们已经习惯了俊泰的改变。同事们的眼神里不会再有质问,不会在想"他怎么了"。熙京已经习惯了俊泰亲昵的称赞,志修也很自然地接受了父亲的夸奖和鼓励。一切都在朝积极的一面发展。俊泰工作的劲头也越来越足了。

今天早上,俊泰像往常一样对妻子说:"老婆,谢谢你,你是世上最好的女人。"

时间似乎让一切都在改变,包括熙京,她褪掉了在亲昵面前的羞涩,不仅坦然地接受,还做出了热情地回应,对俊泰说:"我也是。我感谢上苍让你成了我的丈夫,谢谢你。"

人的心态能决定一切,这句话值得再次强调。

上班的路上,交通和往常一样拥挤,让人咬牙切齿。但俊泰并没有像往常那样对着长长的车队狂按喇叭,而是悠闲

The Power of Trust 充分信任的伟大力量

地打开收音机,听着节目一边唱歌一边照镜子,练习微笑。这种原来他连想都不敢想的姿态,现在竟然会出现在自己身上,这是不是奇迹呢?车水马龙的大街上,无奈叹息的人群中,平静只在俊泰的脸上驻足,只有俊泰在接受电台播音员的问候,享受着声音里面的清脆甜美。

他的心在疾速前行,天空中嵌着大朵大朵的云彩,飘逸、恬淡,就像东基在非洲看到的一样。

一进公司,俊泰就直接朝总经理办公室走去。大概过了二十几分钟,俊泰带着欣慰的笑容走了出来。回到自己的办公室,他立刻召集大家开会,这是他第一次开晨会。

"上一季度,大家工作都很努力,所以,C9成功上市了。我刚从总经理办公室出来,想必大家也都看到了。呵呵,他说为我们准备了庆功宴。今天晚上,大家不用担心自己的腰包,只要准备好一个空肚子,来参加会餐就可以了。"

俊泰话音刚落,组员们的欢呼声就响彻了整个会议室。

外传
成功如此简单，只要敢于信任

"啊……最近工作也太累了，我正想喝啤酒呢！今天不醉不归，知道吗？"

说出这句话的不是别人，正是夏代理，他的脑袋在空中自由摇晃，尽情展现着自己的喜悦。

这次的成功，还多亏了他的建议。想当初，那策划案差点儿就进了垃圾桶，但最后却是这个策划拯救了整个产品的销售。

"这真是多亏了组长啊！"夏代理补充了一句，然后把目光移向俊泰，这是用感激凝聚起来的目光。

俊泰组长可是官僚主义的代言人。面对他一百八十度的大转变，一开始大家都不知所措，人们常说，不在沉默中灭亡就在沉默中爆发。大家都在想，他的这种改变绝对不会带来什么好结果。

但是这一次，大家都错了，俊泰的表现让大家感到惭愧，觉得自己是在以小人之心，度君子之腹。他主动给大家买夜宵，关心大家，还不断地用各种方式激励大家，鼓励每一个人。"你一定能行。"不管眼前的事有多困难，他都在大家面前表现得很自信。所以，每一个职员都积极配合他的工作。

在大家举杯庆贺的夜晚，俊泰的思绪飞离了聚会，在记忆中游走。九头母牛的故事，突然袭来的东基的死，还有今天发生的一切。恍惚中，他觉得这一切就像梦境。他不知道自己是否还清醒着，但他坚信，明天一定会与昨天截然不同。

九头母牛给周围的人一种积极的力量。俊泰开始一点点明白其中的秘密，在俊泰脑中，这些秘密开始变得越来越清晰。凡事最重要的是从我开始，努力让自己身上散发出积极的力量。

俊泰刚进公司的时候，在每次会餐场合，总是不愿意与大家一起聊天。大家聊得热火朝天，他总是无动于衷，在一旁发出冷漠的眼神。遇到自己喜欢的话题，才肯挤进去，遇到不喜欢的就灰溜溜地溜出来。俊泰不是一个能给别人带来开心的人。他总想用别人的快乐来感染自己，但从没想过用自己的力量去改变别人。如果他的人生一直这样走到尽头的话，他永远只会处在人群的边缘，社会的边缘。

九头母牛的故事给俊泰的生活注入了新的生机，改变了他的人生。他决心让自己成为幸福的源泉，用生命中最美好的东西去感染别人。他深信，只要付出就会有回报。热情、爱情、信任、称赞……不论是它们中的哪一种，只要你学会在向别人索取之前先付出，就会收获更多。改变自己之后，再去改变别人。

"九头母牛"是一种肯定的力量，这种力量存在于每个人的人生当中，谁都可以分享和接受。你付出得越多，别人感受到的也就越多。当你的给予超过了对方的期待，他就会把多出的部分看作你的价值。

世界上的万事万物，都是在相互作用中形成的。大自然把它广博的爱无私地献给人类，而人类却往往被自私一点儿一点儿侵蚀，把这种爱不断地缩小，固定在自己的身边。如果人们都懂得"给予不是为了回报"，而是"为了放手"，那么世界又会是怎样的一番景象呢？会像落在野外的花种一样，在不知不觉中灿烂地绽放，把自己的香味献给风儿，让它随风飘到世界的每一个角落。肯定的力量会增加，会感染，会传递。它就像落叶一样，终有一天会回归树根。

就像拉丹酋长所说的那样，宇宙本身就很完美，我所散发的东西，就像带了磁性似的，终究会回到我的身上。

你选择了什么样的生活方式，就会做出什么样的事情。就像俊泰一样，他选择了给予，选择了改变，就每天都会关注着自己的变化。

外传
成功如此简单，只要敢于信任

把九头母牛送给你

那天下午，有一个人来找俊泰。他没有预约，这是一个不请自来的客人。

这个客人是谁呢？谁能到俊泰的公司来找他呢？

俊泰走到大厅，只见成贤坐在沙发上，悠闲透过沉稳的外套，环绕在成贤周围。

"看起来不错啊！事情都顺利解决了吗？很久没有你的消息了，特意过来看看你。我知道一切都会顺利的，给，收下吧！"还没等俊泰反应过来，成贤就已经说出了这一大通话。

这让他有些措手不及，脸上的笑容有些僵硬，透着无奈。他走到成贤跟前。

成贤手中拿着一幅画，他说是前不久侄子来的时候，特意给他带的。成贤觉得俊泰比他更需要这幅画，所以就拿过来了。

俊泰感激地收下画，不敢多留成贤。他知道成贤的时间是多么宝贵，这次来找自己，已经是成贤在百忙之中抽出来的时间了。

回到座位上，俊泰打开包装，画被慢慢地舒展开来，一个人物肖像进入了俊泰的眼帘。顿时，他的眼睛充满了惊喜。这是画家诺曼·洛克威尔的自画像，画中的诺曼·洛克威尔比真人还要帅气几分，诺曼·洛克威尔镜中的影像更是让这份神采入木三分。

成贤是个有心人，他很了解俊泰，能猜到俊泰看了这幅画之后会想些什么。

"是啊！人生就是这样，活在这个大千世界里的人们，每天都在心中描绘着自己的模样，一遍又一遍地画着自己理想中的样子，然后跟着期望的脚步前进。生活就是将自画像努力变成自己的过程。"俊泰的想法真是意味深长。看着成贤的礼物，他再次想起了东基。东基和成贤一样，都是有心人，也很会关怀别人。俊泰想，如果自己身边的人都能遇到像他们这样的人，得到他们的帮助，那么肯定会在社会中掀起一个新的思想潮流。别的人他不敢保证，大学生们一定会是这场思潮的弄潮儿。

我们就是这样，常常把希望寄托于这些年轻而充满活力的躯体上，从来不想我们是不是也能实现自己的希望和梦想。把希望挂在别人身上之后，就等于把剩下的漫长人生交给了悔恨，就会在悔恨中假设，在假设中懊悔。如果当初再努力一点儿，如果当初再用心一点儿，如果……一切的如果都只是假设，不能改变历史，不能让你虚度的时光倒流。所以，我们要对自己充满信心。

人生就是一场赌注。所有的人都在玩石头剪刀布的游戏，有人会输，有人会赢。但是在游戏的激情过后，又有谁会记住当时的情景？输的人会把自己的失败归结于运气，自认倒霉，明天重整旗鼓，再次来过。赢的人会认为自己的运气很好，也可能会认为是自己的信念让自己取得了胜利。但不论是谁，他们都把输赢当成一种运气，没有人真正去考虑

The Power of Trust 充分信任的伟大力量

它的实质，没人去关心隐藏在它背后的东西，认为那些无关紧要。其实，只要你有决心，霉运都会惧你三分，你也可以把霉运变成好运，这就是信念的力量。

书桌上的镜子，映出了俊泰的模样。他看着镜子里帅气的脸，有些痴迷，他从来没发现自己这么帅。镜子上刻着"笑一笑"三个字。如果在帅气的脸上加一点儿微笑，也许会更完美。于是俊泰笑了，虽然勉强自己对着镜子里的自己傻笑有点儿傻，但这样的感觉的确很好。

为什么不把这样舒心的感觉保留下来呢？于是俊泰拿出手机，"咔嚓"一声，俊泰的笑容被记录了下来。这是他第一次给自己拍照。这张照片就像是他的一幅自画像，被他设成了手机背景。

"把九头母牛送给别人！"他迅速更换了手机屏幕上的文字，让文字时刻提醒自己，召唤自己的记忆。能将自己的光芒散射给周围的人，真是一件令人开心的事情。也许这就是所谓的决心。

和想象的一样，每次打开手机，自己的照片和屏幕上的

外传
成功如此简单,只要敢于信任

文字就会跳进俊泰的眼睛里,尽情挥洒光芒。如果能把九头母牛给别人,那么俊泰就会活得更真实,做一个更真实的自己。他付出的一切最终都会回到他的身上。在他付出的过程中,他已经教会了别人如何信任,也取得了别人的信任。

胃在示威,因为胃里的每一个细胞都在渴望咖啡的味道。于是俊泰走到了自动售货机前。欢快的小调在他的嘴唇上跳动,连他自己都没有察觉到。他沉浸在了幸福的感觉之中,连夏代理是什么时候站在自己身后的也不知道。

"组长,关于这次的企划案,非常感谢您对我的信任。有件事很想跟您说,但一直找不到合适的机会。在六个月前我有过放弃工作的念头,现在想起来,觉得当时的想法很幼稚。呵呵。"

夏代理摇着头,不敢正视俊泰的眼睛,好像觉得这种话不应该跟他说似的。俊泰的回答将他的这种顾虑全部击散了,取而代之的是满心的感动。俊泰笑着说:"是啊,没关系的,其实我已经猜到了。呵呵。"

"最近我很好奇,我从来没看到组长心情这么好过。您的变化真大,对我们关怀备至,肯定我们的努力。说真的,以前我只是把您当成自己的上司,但现在我已经把您当成前辈了。是您让我改变了对您的看法。您为什么会相信我呢?难道有什么特殊的原因?您能告诉我吗?"夏代理的眉头紧蹙,心里的好奇爬满了眉梢。

俊泰向他送去一个微笑,说:"夏代理,你很快就会知道的。"

俊泰端着咖啡向办公室走去。一进办公室,他就随手打开邮箱里的邮件,那份被长期保存的东基的邮件,依然平静地待在里面。

俊泰决定和大家一起分享九头母牛的故事,他期待着新的奇迹的降临。他按下了集体发送键,让它传进每一个人心里。

俊泰在邮件开头写了这样几句话:"营销一组,我是孔俊泰组长。这是我最好的朋友遗留给我的故事,现在我想和大家一起分享。"

这个故事通过网络,瞬间就占据了每一个人的心灵。

后记

无条件信任的力量,九头母牛。

"互相信任的人之间,有一种神秘的力量,让彼此相互扶持。"

信任分两种,一种是有条件的信任,一种是无条件的信任。就像我们的生活一样,一种是明亮的生活,一种是阴暗的生活。无条件的信任,有着强大的预言能力。库塔沙和温塔比生之间的信任就是这种无条件的信任。肯定里是容不下半点儿否定的,谁都不可能踏着否定进入肯定的世界。无条件的信任,是否定通往肯定的自由通道。

九头母牛是什么?其实它只是一个符号,一个标志。把它送给爱人,并不是因为它身上有多大的价值,而是因为它

The Power of Trust 充分信任的伟大力量

是价值的载体,价值的体现方式。给予会把它转化成一种信任,让它变成一种力量,化成对万事万物的爱与关怀。

其实,我和这本书的主人公一样,也收到过九头母牛的故事。虽然篇幅只有两张A4纸,但在这个故事里,承载了太多的感动,太多的意义和朴实的人生智慧。所以我要把它推荐给大家,和大家一同分享,让九头母牛的故事传遍世界,让所有人的思想都能有所提升。只要一有机会,我就会给学生们讲九头母牛的故事。每讲一次,都能引起同学们的共鸣,因为他们和我一样,都相信库塔沙传递的肯定的力量,因为这种肯定的力量有着无穷的感染力。人的一生中,如果能把信任传递给身边的每一个人,那一定是一件非常幸福的事情。

我想与大家一同分享九头母牛的故事,于是产生了把它编写成书的想法。在与茶山出版社的总经理一起吃饭的时候,我给他讲了这个故事,总经理毫不犹豫地答应了将它出版。为了使故事更加完整,我决定在里面加一些情节。在总经理临走的时候,他也把"九头母牛"送给了我,因为他深信这一定会是一本好书。这本书就这样诞生了。

后 记

我认为，我把这个故事传递给世界上所有的人，就相当于我把九头母牛给了世界。我们总是希望能从别人身上获取幸福，殊不知幸福的根源就是自己，只有把幸福送给别人，自己才能得到幸福。世界上存在一种看不见的能量法则，自己给予别人的东西总会以另一种形态返回到自己身上，有时候会比你付出的更多更丰厚。你付出之后，收获的可能是付出的十倍、二十倍，甚至更多。所以，我们在人生的赌场上，是可以下定决心去信任别人的。

不要犹豫，也不要有质疑，让自己先把"九头母牛"送给别人吧。

"九头母牛"培训系统介绍

★ 目的

具备自我肯定的能力,把肯定传播给周围的人,引导个人和团队的变化,贡献与团队的成就。

★ 特点

1. 通过个别实践的学习者的实例参与学习。

2. 利用视听觉媒体、各个案例和各种学习工具进行学习。

3. 培训结束后,为了有持续的效果,给读者提供了以下资料。

★ **期待效果**

● 我

1. 对于人生的自信感。

2. 缓解在家庭或社会生活中的压力。

3. 完成个人的飞跃。

● 对方

1. 解决矛盾。

2. 改善人际关系。

3. 发挥肯定的影响力。

● 团队

1. 上升职务满足度。

2. 团队的活跃。

3. 通过传播肯定的想法和解决问题的方法，使团队凝结在一起，共同上升。